国家级一流本科专业建设点配套教材·视觉传达设计专业系列
高等院校艺术与设计类专业"互联网+"创新规划教材

博物馆展陈设计

王 雄 编著

内 容 简 介

博物馆展陈设计是目前国内视觉传达设计专业课程体系中的一门主干专业课。本书结合作者多年从事博物馆展陈设计教学及项目设计实践的经验进行编写，从理论知识、方案设计、项目实施、实操设计等方面对博物馆展陈设计进行系统性的阐述，主要内容包括博物馆展陈设计概述、博物馆展览策划、博物馆展陈设计要素、博物馆展陈方案设计、博物馆展陈项目施工与布展、项目设计实例解析、实践课题设计解析。

本书可作为高等院校展陈设计专业的教材，也可供从事展览设计的人员参考与借鉴。

图书在版编目（CIP）数据

博物馆展陈设计 / 王雄编著. —北京：北京大学出版社，2022.5
高等院校艺术与设计类专业"互联网+"创新规划教材
ISBN 978-7-301-33026-5

Ⅰ. ①博… Ⅱ. ①王… Ⅲ. ①博物馆—陈列设计—高等学校—教材 Ⅳ. ①G265

中国版本图书馆CIP数据核字（2022）第080134号

书　　名	博物馆展陈设计 BOWUGUAN ZHANCHEN SHEJI
著作责任者	王　雄　编著
策划编辑	孙　明
责任编辑	蔡华兵
数字编辑	金常伟
封面设计	李　嵘　张　超
标准书号	ISBN 978-7-301-33026-5
出版发行	北京大学出版社
地　　址	北京市海淀区成府路205号　100871
网　　址	http://www.pup.cn　新浪微博：@北京大学出版社
电子邮箱	编辑部 pup6@pup.cn　总编室 zpup@pup.cn
电　　话	邮购部 010-62752015　发行部 010-62750672　编辑部 010-62750667
印　刷　者	北京宏伟双华印刷有限公司
经　销　者	新华书店
	889毫米×1194毫米　16开本　10.5印张　318千字 2022年5月第1版　2024年4月第2次印刷
定　　价	69.00元

未经许可，不得以任何方式复制或抄袭本书之部分或全部内容。
版权所有，侵权必究
举报电话：010-62752024　电子邮箱：fd@pup.cn
图书如有印装质量问题，请与出版部联系，电话：010-62756370

前言

博物馆展陈设计是目前国内视觉传达设计专业课程体系中的一门主干专业课。近十几年是我国博物馆行业跨越式发展的一个关键时期，大批新建博物馆及博物馆改扩建项目的相继投建，推动了博物馆展陈设计教学与市场的接轨。当前社会对高素质应用型设计人才的需求及日趋完善和规范的博物馆市场行业体系，也为展陈设计实践教学和培养创新型设计应用人才提供了一个良好的设计平台。同时，校外教学实践基地和具有丰富设计经验的双师型指导教师也为设计实践教学提供了有力的保障。

基于博物馆展陈设计课程的实践应用性特点，相关院校需要在实践课程教学内容、教学方法乃至教学模式上，探索创新型艺术人才的培养模式，加强专业实践课程教学与社会设计需求的深度融合和有效对接。博物馆展陈设计课程的教学通过实践课题设计、师生共同参与的教学形式，将理论教学与设计实践教学相结合，以提高学生的专业设计综合素养，强化其专业基本技能和设计创新能力，强化实践课程对培养应用型设计创新人才的支撑作用。

本书结合作者多年从事博物馆展陈设计教学及项目设计实践的经验进行编写，通过大量的博物馆展陈设计案例及丰富的图片，对博物馆展陈设计课程内容从理论知识、方案设计、项目实施、实操设计等方面进行系统性的阐述，力求体现设计实践课程明确的教学思路和目标，使课程教学有序推进并达到预期教学效果。

本书力求对现代博物馆展陈设计进行全面深入的阐述，但由于编者水平有限，编写时间仓促，书中可能还存在有待补充或修正之处，敬请相关专家和广大读者批评指正。

王　雄
2021年1月24日
于鲁迅美术学院视觉传达设计学院

目录

第1章　博物馆展陈设计概述 / 001
1.1　关于博物馆 / 002
1.2　现代博物馆的分类与特征 / 003
　　1.2.1　博物馆的分类 / 003
　　1.2.2　不同类型博物馆的展陈主题及其特征 / 003
1.3　现代博物馆展陈设计趋向 / 010
　　1.3.1　创造适宜的展陈与观展空间场域 / 010
　　1.3.2　强调观众的多感官体验和参与性 / 010
　　1.3.3　展陈主题与形式的多元化 / 011
　　1.3.4　关注展陈空间情感体验及场所氛围的营造 / 012
　　1.3.5　艺术与科技的完美结合 / 012
　　1.3.6　博物馆的数字化展示 / 013

第2章　博物馆展览策划 / 017
2.1　展览策划 / 018
　　2.1.1　展览与策划的含义 / 018
　　2.1.2　展览策划的概念 / 018
　　2.1.3　展览策划的意义和作用 / 018
　　2.1.4　展览策划的程序性内容 / 018
2.2　展陈项目策划 / 019
　　2.2.1　概念策划 / 019
　　2.2.2　展览内容策划 / 019
　　2.2.3　展览主题策划 / 019
2.3　展陈大纲及展品资料征集 / 020
　　2.3.1　展陈大纲与内容脚本 / 020
　　2.3.2　展览资料的征集 / 020
　　2.3.3　展览项目设计书 / 020

第3章　博物馆展陈设计要素 / 023
3.1　展陈空间与功能空间 / 024
　　3.1.1　博物馆空间形态 / 024
　　3.1.2　博物馆展陈空间 / 025
　　3.1.3　博物馆公共空间 / 029
3.2　展品陈列 / 031
　　3.2.1　展品 / 031
　　3.2.2　展具设施 / 032
　　3.2.3　展品陈列方式 / 033
3.3　展板与导视设计 / 037
　　3.3.1　展板版式设计 / 037
　　3.3.2　导视系统设计 / 038
3.4　展陈手段与技术运用 / 039
　　3.4.1　主要展陈手段 / 039
　　3.4.2　数字媒体技术应用 / 039
3.5　博物馆照明与光效 / 043

    3.5.1 博物馆照明要求 / 043
    3.5.2 展厅空间的照明 / 044
    3.5.3 文物及展柜照明 / 045
    3.5.4 重点展位及场景的特效照明 / 047
    3.5.5 博物馆照明灯具 / 047
  3.6 材料设计 / 047
    3.6.1 材料的选择与运用 / 047
    3.6.2 顶面材料 / 048
    3.6.3 展馆立面装饰材料 / 048
    3.6.4 地面铺装材料 / 048

第4章 博物馆展陈方案设计 / 051
  4.1 设计展开 / 052
    4.1.1 设计考察调研与现场勘察 / 052
    4.1.2 深入解读展陈主题与布展大纲 / 052
    4.1.3 设计定位与构思 / 052
  4.2 展陈方案设计 / 054
    4.2.1 平面布置与观展流线 / 054
    4.2.2 展陈空间设计 / 058
  4.3 深化设计 / 061
    4.3.1 方案深化设计 / 061
    4.3.2 辅助展项设计 / 061
    4.3.3 版式设计 / 064
    4.3.4 展陈智能化设计 / 065
  4.4 施工图设计 / 066
    4.4.1 布展施工图 / 066
    4.4.2 安装工程施工设计 / 066
    4.4.3 施工图设计要求 / 066

第5章 博物馆展陈项目施工与布展 / 069
  5.1 展陈项目工程施工与组织 / 070
  5.2 展馆空间基础工程施工 / 070
    5.2.1 装饰装修材料 / 070
    5.2.2 基础工程施工 / 070
  5.3 陈列布展与展览制作 / 072
    5.3.1 展板制作要求 / 072
    5.3.2 现场布展 / 072
  5.4 场景艺术工程制作 / 073
    5.4.1 大型复合场景的制作 / 073
    5.4.2 艺术作品及模型和沙盘的创作与设计制作 / 073
    5.4.3 半景画创作 / 073
    5.4.4 场景设计制作 / 073
    5.4.5 景箱制作 / 075
  5.5 展陈效果的调整与评估 / 076

第6章　项目设计实例解析 / 079
项目设计实例一：克拉玛依科博馆展陈概念方案设计 / 080
　　1.地理资源展厅——地球之谜、恐龙世纪 / 080
　　2.石油设备展厅——地宫之器、亮剑技艺 / 081
　　3.石油文化展厅——民族瑰宝、文化传承 / 084
项目设计实例二：中国人民革命军事博物馆导弹武器装备技术展厅方案设计 / 085
　　1.博物馆平面布局 / 087
　　2.展陈方案设计 / 088
　　3.施工与布展 / 095
　　4.实施效果 / 096
项目设计实例三：奥帆博物馆展陈方案设计 / 097
　　1.展陈方案设计 / 098
　　2.展陈空间设计及实施效果 / 099
项目设计实例四：大连金州博物馆展陈改造方案设计 / 108
　　1.博物馆平面布局 / 109
　　2.观展流线 / 110
　　3.展陈方案设计 / 111

第7章　实践课题设计解析 / 125
实践课题设计一：碳纤维企业展馆方案概念方案设计 / 126
　　1.展馆平面布局 / 127
　　2.观展流线 / 128
　　3.主题展厅空间设计 / 129
实践课题设计二：地质博物馆方案设计 / 133
　　1.博物馆平面布局 / 134
　　2.观展流线 / 134
　　3.主题展厅空间设计 / 135
实践课题设计三：新四军第七师纪念馆陈列布展方案设计 / 138
　　1.纪念馆平面布局 / 139
　　2.观展流线 / 139
　　3.主题展厅空间设计 / 140
实践课题设计四：临港廉政文化建设展馆方案设计 / 142
　　1.展馆平面布局 / 142
　　2.观展流线 / 143
　　3.主题展厅空间设计 / 144
实践课题设计五：青冈博物馆概念方案设计 / 148
　　1.博物馆平面布局 / 148
　　2.观展流线 / 149
　　3.主题展厅设计 / 149
实践课题设计六：苹果产业园体验馆概念方案设计 / 153

后记 / 157

第 1 章
博物馆展陈设计概述

收藏、展示、研究、教育是现代博物馆的四大基本功能。博物馆展陈设计的社会价值主要在于为社会教育和专业研究提供良好的馆藏环境和条件。博物馆展陈设计是集艺术性、科学性、史学性、时代性于一体的综合性设计，关联展览策划、空间设计、视觉传达设计、数字媒体艺术设计、施工技术、市场运营等不同的专业设计，涉及建筑学、艺术美学、文博学、规划学、工程学、材料学、历史学等学科领域，具有多学科融合与交叉的特征。

1.1 关于博物馆

"博物馆"（museum）一词源于希腊文"缪斯神庙"（museion），原意为"祭祀缪斯的地方"。从广义上说，博物馆的发展历史可以追溯到公元前几个世纪，博物馆的自身功能演化伴随着社会的发展，经历了从单一地收藏珍品，到集收藏、研究、教育3个职能于一体，再到当代多职能博物馆的演变过程。"博物馆是一个以研究、教育、欣赏为目的而征集、保护、研究、传播和展出人类及人类环境的物证的，为社会及发展服务的，向大众开放的、非营利的永久性、固定性机构"，这是国际博览协会章程中对现代博物馆的定义。1905年，实业家张謇创办的南通博物苑是中国第一家现代意义的博物馆。每年的"5月18日"被定为国际博物馆日。1997年，由国家文物局主办、中国文物报社和中国博物馆学会承办的全国博物馆十大陈列展览精品评选活动，极大地提升了我国博物馆陈列展览水平。

博物馆作为公众文化需求服务的公共建筑，是人类文化遗产的宝库，作为征集、典藏、陈列和研究代表自然和人类文化遗产的实物展示场所。博物馆里汇集了人类文明珍贵的物质见证，尤其是综合类、艺术类、民族民俗类、收藏类的博物馆，不仅有广泛的收藏，而且有许多的珍品是人类文明的艺术结晶。收藏、展示、研究、教育是现代博物馆的四大基本功能。此外，博物馆还具有作为人文景观的传播交流、旅游观光、艺术鉴赏及休闲娱乐等职能，是展现和衡量一个国家或地区社会进步和文明程度的重要窗口和标志。

当前，我国的博物馆建设正处在一个蓬勃发展的时期，随着我国各类博物馆向公众的免费开放，更多的观众被吸引走进博物馆，博物馆的社会教育功能日益受到重视。旅游产业的迅猛发展，也给博物馆业带来了新的发展机遇和空间。博物馆以其高品位且富有文化含量的特性已逐渐成为集参观、休闲、旅游于一体的文化消费场所，成为城市文化设施的重要组成部分。图1.1所示为几个世界著名的博物馆。

【部分世界著名博物馆】

北京故宫博物院

中国国家博物馆

图1.1 世界著名的博物馆

法国卢浮宫

柏林犹太博物馆

图 1.1　世界著名的博物馆（续）

1.2　现代博物馆的分类与特征

1.2.1　博物馆的分类

博物馆的分类方法很多，各国的博物馆状况也有自己的特点，所以，世界各国的博物馆至今没有形成公认的、统一的分类方法和分类标准，不同国家对博物馆的分类方法也不尽相同。

我国在1988年前将国内博物馆划分为专门性博物馆、纪念性博物馆和综合性博物馆三大类。

（1）综合性博物馆。
（2）纪念性博物馆，包括历史事件纪念馆、名人纪念馆、名人故居。
（3）专门性博物馆，包括专业性博物馆、专题性博物馆、专项性博物馆。

在现阶段，我国参照国际上一般使用的分类法，已将国内博物馆划分为综合类、历史类、艺术类、科学与技术类四种类型。

（1）综合类博物馆，包括世界性综合博物馆、国家与地方综合博物馆等。
（2）历史类博物馆，包括历史文物博物馆、社会历史博物馆、考古与遗址博物馆等。
（3）艺术类博物馆，包括艺术博物馆、美术馆、现代艺术馆、工艺珍宝博物馆等。
（4）科学与技术类博物馆：包括综合性科产业博物馆、专题性科技产业博物馆、科技中心等。

1.2.2　不同类型博物馆的展陈主题及其特征

1. 综合类博物馆

综合类博物馆承载着收藏人类创造的物质文明，研究发掘物质遗存及文化精神的历史意义，肩负着"弘扬民族精神、传承历史文化、促进文化交流"的历史使命和向大众展示历史文明轨迹的社会功能。综合类博物馆常以历史发展脉络或时间顺序安排展陈内容。相比于一般展陈空间，综合类博物馆承载着更多的文化内涵，因此，如何展现历史性、地域性、文化性是其设计的一个指导思想。

这类博物馆的展陈空间设计，必须坚持唯物史观的基本原则，实事求是地展现历史史实和人类文明，要尊重历史，不要人为地赋予陈列内容过多的历史内涵。其设计应避免假、浮、空和过多的粉饰，要恰如其分地表现和烘托主题。

2. 历史类博物馆

（1）历史文物博物馆（图1.2）展陈设计是以陈列文物为中心的，设计要准确地利用文物展品反映人和事件及社会发展，把馆藏文物承载的历史人文内涵予以彰显，让观众与陈列文物产生情感上的对话，要把与文物相关的历史背景、史实资料及文物背后的故事串联起来，扩大陈列内容的涵盖面，并使展陈空间、馆藏展品与展览环境共同构成一个具有显著特性的统一整体。其空间的设计多以简约、明快、庄重、素雅的风格为主，色彩也多以素色为主，设计避免烦琐的装饰。

（2）社会历史博物馆（图1.3）多以反映某一社会历史时期的人文、历史为主要展示内容，展示内容具有久远的历史背景和深远的文化底蕴。这一类型博物馆的设计构思应全面，准确地把握展示主题内容的时代背景资料及人文历史文脉，从展示内容深厚的历史文脉中挖掘、提取出与展示主题相吻合的设计语言符号。

图1.2　历史文物博物馆

图1.3　社会历史博物馆

（3）考古与遗址博物馆（图1.4）是为供保护已发掘遗址或为展示发掘成果而在遗址上修建的博物馆。与具有广博性的一般社会历史博物馆相比，考古与遗址博物馆具有单一性和不可移动性的特质。它的馆陈研究与展览陈列始终是围绕遗址这个单一主题进行的，作为藏品的遗址是不可移动的，如秦始皇帝陵博物院、瓦萨沉船博物馆等。

3. 自然类博物馆

自然类博物馆（图1.5）在于揭示自然发展变化规律，突出人类对自然的保护和利用，并以科学的观点向公众表述和展现自然环境和生物种群的生活状态。自然类博物馆具有科学性和教育性的特性，其展陈设计强调观众的体验性与参与性，融趣味性、知识性为一体。自然类博物馆多以图文展板、实物展品、动态演示模型及自然生态再现场景空间，向观众传播自然科学知识，使观众切身感受到自然的奥秘。

人的愉悦体验是自然类博物馆陈列设计所追求的核心。让观众在"寓教于乐"的陈列展览中受到教育，是设计中首要考虑并贯穿设计全过程的一个重点。

现代自然类博物馆的展陈设计需结合当代人的观展体验和审美需求，充分利用高科技的展陈技术与手段、现代的展陈空间形式设计、先进的展示道具和设施来揭示自然的奥秘和规律，为观众营造身临其境的观展体验空间效果。

4. 民族民俗类博物馆

民族民俗类博物馆是收藏陈列民族民俗实物、文献资料，展示民族民俗风情、普及民俗知识、开展民族民俗教育和研究的专题性博物馆。

图1.4　考古与遗址博物馆

【民俗民族类博物馆】

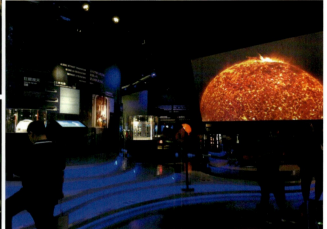

图1.5 自然类博物馆

民族民俗类博物馆的展陈设计，应努力挖掘不同地域、不同民族、不同时期的历史文化遗产，用现代的设计理念进行新的诠释和传承。其设计应具有鲜明的地域文化特征、独特的民族风格以及民俗风情，应重视历史文化脉络的延续和挖掘，赋予展示空间一种文化的继承性和与时代性相协调的内在品质。

5. 纪念馆

纪念馆往往以强调教育功能为主旨。设计侧重空间纪念性属性、鲜明的主题意义和时代性特征的准确表达和诠释。纪念馆展陈空间能给观众带来什么样的启迪和精神体验，如何使观众从陈列展览中受到教育和启迪，是纪念馆展陈设计中值得注意的问题。对纪念馆空间属性的准确表达和基本陈列主题的诠释是纪念馆展陈设计中要解决的重点。

在纪念馆陈列设计中，应以翔实的资料和史实为依托，综合运用现代高科技手段和多种展陈方式，来生动地展现历史事件的真实和纪念人物的人生历程。其展陈设计要把纪念馆蕴含的潜在精神揭示出来。

战争与军事类纪念馆（图1.6）的空间设计，追求大体量、大尺度，给人以视觉和心灵上的震撼。与场面宏大的战争题材纪念馆相比，历史人物纪念馆的陈列风格则相对平叙、质朴、亲切而不奢华。

图1.6 战争与军事类展馆

6. 艺术类博物馆

艺术类博物馆（图1.7）主要通过艺术作品来展现人类的艺术实践、揭示审美意识的发展变化规律和美的本质，提高人们的艺术修养，实现审美教育功能。艺术类博物馆所展示的大多是绘画、雕塑、手工艺品、设计作品。观众进入艺术展馆，先是被展馆空间营造的艺术气氛感染，而后才能静下心来品味单体展品。因此，艺术展馆的设计都应以营造美的空间氛围，提供良好的展示空间环境为目的。

图1.7 艺术类博物馆

7. 科技产业类博物馆

科技产业类博物馆（图1.8）的功能在于展示人类科技发明创造成果，扩大科技应用范围，普及科技知识。向公众普及科学技术知识，传播科学思想、方法和科技信息，提高公众的科学文化素质，培养创新精神是科技产业类博物馆的基本任务。运用互动展示，实现观众的参与互动，增强趣味性和观赏性，调动青少年和广大观众的观展兴趣，是科普馆展陈设计的一种主要手法。

参与是人的本能，在科技产业类博物馆的展陈设计中，各种体验式的科普展项设计，在一定程度上满足了观众对科普知识的感观认识和体验需求，观众在观展过程中，自己触摸，亲身体验，并通过视觉、听觉、触觉等多感官的体验，能更加全面且直观地感知科技的发展与进步。

8. 行业博物馆

行业博物馆（图1.9）是以反映社会各行业生产历史发展过程和文化内涵为主旨的博物馆，其涉及的范围极为广泛，涵盖了与大众生活息息相关的社会各行业领域。行业博物馆在弘扬行业文化、传播行业科普知识、丰富社会大众的文化生活等方面起到非常重要的作用。

图1.8 科技产业类博物馆

图1.9 行业博物馆

9. 城市规划馆

【城市规划馆】

城市规划馆是一个集规划展示、文化、教育、休闲等多功能于一体的综合性展览馆，有着城市名片和城市会客厅的称谓。城市规划馆是市民和公众了解一个城市发展历史、建设历程、长远规划的窗口。同时，它也是政府招商引资的信息平台和城市间文化交流的渠道，更是一个城市形象、经济、科技等综合实力的展现。

城市规划馆展示的内容极具专业性和知识性，而规划设计是一门综合学科，很多人不了解，因此，以一种通俗易懂的方式让市民和公众来了解和解读城市规划，是城市规划馆设计的重点所在。

10. 大型博览会场馆

大型博览会场馆（图1.10）空间设计，一般都是围绕会展的主旨，运用多种展陈手段，全面而充分地展现参展方所要展出的内容、主题和目标。

大型博览会场馆设计具有极强的综合性，它是科学与艺术、材料与技术、内容与形式的有机结合，并强调观众与展示主题内容的互动性，是多维的时空艺术设计。现代大型博览会场馆设计，通过空间环境设计、视觉传达设计及各种当代最新高科技手段的运用，充分调动观众的视、听、触、嗅等多感官，为观众构建出独特、新颖、交互的时空空间，使观众能全方位、多层面地去观察、体验、感知、接收各种信息。

2015米兰世博会中国馆

2020迪拜世博会中国馆

2020迪拜世博会阿联酋馆

图1.10　大型博览会场馆

11. 线上博物馆

线上博物馆以传统博物馆为基础，利用虚拟技术将线下的展馆空间及其陈列展品移植到互联网上进行展示、宣传，打破了时间与空间的限制，最大化地提升了现实展馆及展品的宣传

【线上博物馆】

效果与社会价值，使得公众无须走进博物馆的真实空间，通过互联网就能快速地了解各类博物馆的展陈内容及主题，并能在线参与各种互动体验。线上博物馆扩展了展馆的社会辐射范围及其社会影响力。

1.3 现代博物馆展陈设计趋向

伴随着信息化社会的进程和高新技术的迅猛发展，以及现代人文化层次和审美观念的提高和变化，博物馆展陈设计无疑会面对设计理念的变化、展陈功能的转化、空间维度的拓展、展陈手段与技术运用的更新等一系列问题。

当今博物馆展陈设计呈现出由固定展示至动态显示、由单向传播至沉浸互动、由传统表现至多元创新的发展趋势。其展陈设计理念也从过去以文物为中心，重保护、轻展示的静态展品陈列与观展，转向注重讲好文物背后的故事，让文物说话、以观众为本的观展体验。展陈空间设计注重沉浸式的体验空间环境营造，强调人的参与和互动，注重寓教于乐的展陈效果和空间场所精神及展陈内涵的表达，陈列形式向交互式、场景式、参与式转化。同时，多媒体技术和数字媒体技术等高新科技的发展，使得博物馆已进入了数字化、集成化、网络化、智能化的数字博物馆设计时代。

1.3.1 创造适宜的展陈与观展空间场域

现代博物馆的陈列设计越来越依赖空间的创造来表现展馆特有的文化内质和场所精神，注重展馆配套设施、公共服务品质的完善和提升。展陈空间已成为设计的重点。展陈空间设计从围绕着局部的展品组合、展面分割，拓展到对展厅空间意境的创造和展馆整体空间环境的营造，甚至扩展到对整个外部环境空间的整合设计。不断拓展和充实展陈空间内涵，营造一个与博物馆内容主题、文化特征、环境特质相吻合的展陈与观展空间场，为陈列展品和观众创造一个最适宜的展陈和观展空间（图1.11），是现代博物馆展陈设计适应时代发展要求的必然结果，寻求情感上的共鸣和心灵的触动，追求现场空间的真实体验、感受主题空间营造出来的气氛和情境，是公众参观博物馆的初衷。

1.3.2 强调观众的多感官体验和参与性

从时代的发展角度来看，"寓教于乐"是现代教育所特别提倡的教育方式。在当今的信息

图1.11 适宜的展陈与观展空间

社会，满足公众的情感性需求已经与满足公众的教育性需求一样，成为博物馆的一项重要社会功能。博物馆陈列不再是类似教科书式的说教场所，人的愉悦体验已成为博物馆陈列设计所追求的核心，人的情感体验已成为新的审美价值取向，现代博物馆展陈设计在重视功能、人体工学原则的基础上，更进一步正视和尊重主体人的需求，尊重人的情感和审美需求。

观众到博物馆来学习、娱乐、休闲，是以其感官（视、听、触、嗅）来获取博物馆的各种信息，感受博物馆的特殊体验（图1.12）。

现代博物馆展陈设计强调观众对陈列展示内容的参与感，促成观众与陈列表达情感上的沟通，通过"情景交融、物我交融、情理相随"的观展过程，把观众引入解读历史真实、见证辉煌文明、增长科学知识、陶冶艺术情操的展陈空间中。

1.3.3　展陈主题与形式的多元化

现代博物馆展览策划走向精细与多元，策展视野扩大，展览内容、展陈主题及题材更为丰富多样，涉及更为广泛多元的社会文化现象。展陈策划注重对藏品资源的深入挖掘和展品的前期研究，这为策展的科学性和讲好文物背后故事的叙事性展览提供了保证，也推动了博物馆展陈设计理念的转变。

在过去相当长的一段时间里，传统博物馆的

图1.12　多感官体验和参与性

观展方式局限于单一的看展，观众通过展品和图文展板实现对馆陈内容和展览信息的获取。这样的静态陈列方式已经不能适应当代观众的要求。

现代展陈形式和手段的日趋多样化，突破了过去的以展墙图片、文字图板、展柜文物为主体的单一模式。传统的线性、平面化的展陈形式逐渐被网络化和多维化的展陈体系所替代，展陈形式向参与模式、交互模式、场景模式转化（图 1.13）。

1.3.4　关注展陈空间情感体验及场所氛围的营造

现代博物馆展陈设计通过构建媒介连接人与展品，空间成为传达展陈内容信息的载体。展陈空间基于人的体验而不是展品的原因而存在。人与空间、展品与空间的互为融合，互相渗透，使当代博物馆展陈空间设计呈现出空间多义化的趋向。

博物馆的展陈设计从强调视觉之美到追求人性化的空间感受，从静态的观展到沉浸式的体验，展陈空间已成为展陈设计的主角和首要因素。有时，博物馆展陈空间以其独特的空间魅力和空间体验诠释出博物馆的精神内涵，足以让观众不去关注博物馆陈列的展品。人们常说的"场景令人感动""场面震撼""气氛庄严"等，其实并非指博物馆本身令人感动、受人喜爱或敬仰，而是因为在博物馆及其所形成的环境、空间、场所中凝聚着人们特定的情感体验和丰富的精神生活内容。这说明，在传递博物馆的主题内容中，展陈空间与陈列展品具有同样的职能。

例如，柏林犹太博物馆的整体空间形态，体现出了这种特质。在这里，孤立的展品与建筑已不复存在，展陈空间与人的情感体验已经融为一体，如图 1.14 所示。

1.3.5　艺术与科技的完美结合

艺术与科技的完美结合是现代博物馆展陈设计的一个趋向。博物馆陈列布展设计中，除了要合理解决展览功能和常设的工艺技术问题之外，更重要的是赋予展陈空间以特定的意境和艺术特质。人们喜爱和认同某个博物馆，是因为它们使人们在物质和精神上获得了一种收益和满足。所以，博物馆展陈空间的艺术创造，不只是从视觉上创造完美感，而要把观众的情感需求、审美追求、精神境界客观化，即用空间的形式语言和现代科技

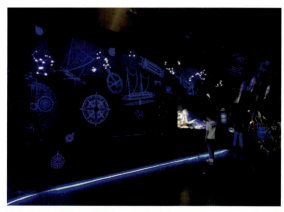

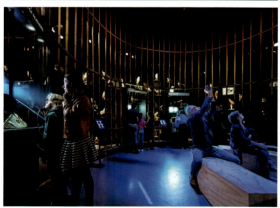

图 1.13　展陈形式多样化

图 1.14　柏林犹太博物馆展陈空间场所精神的彰显

手段将它们表现出来，在充分考虑人的观展需求等因素的前提下，通过多媒体技术、网络技术与虚拟现实技术等高科技的导入，将展陈内容在一个个真实而具体的展厅空间中生动形象地展现出来。

在现代博物馆的展陈设计中，视频影像、三维动画等新媒体技术及影像合成拼接技术、机械互动技术、声控感应、电磁感应、触摸压力感应等现代科技技术得到了广泛应用，使博物馆的展陈形式获得了新的发展，如图 1.15 所示。

1.3.6　博物馆的数字化展示

数字媒体技术和网络技术的发展给博物馆设计带来了新的展示技术手段、新的空间形态和新的设计语言与形式。博物馆的数字化展示以多媒体和数字化技术作为主要展示技术及手段，通过对视频、声音、动画等媒体加以组合应用，带给观众高科技的视觉震撼感，如图 1.16 所示。其智能化、交互性、大容量的展览信息，使展览效果极具内涵和吸引力，数字化博物馆的引入具有很强的科普价值，从根本上突破了观众对传统博物馆的认识。

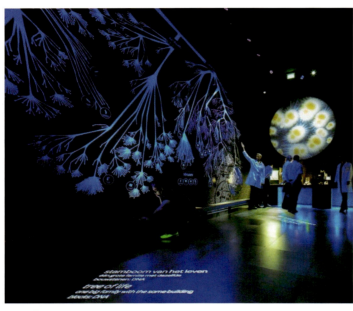

图 1.15　艺术与科技的完美结合

图 1.16　博物馆的数字化展示

在博物馆的展陈形式上，将实体陈列与虚拟陈列有机结合起来，可以弥补实体陈列存在的不足，是当代博物馆发展的一个必然趋势。

博物馆的数字化展示设计具有所占空间小、信息容量大、互动性强等优点。数字化展示推动了现代博物馆展陈形式由过去的静态展示向动态交互展示的转变，也让空间利用效率得到前所未有的提高，承载的内容信息量得到数倍增长。在各类大型文博展馆、艺术博物馆、商业会展空间设计中，数字化展示设计将成为主导趋势。

第 2 章
博物馆展览策划

博物馆展览策划是建立在管理需求和现有资源状况基础之上的，为达到展览传播目的，利用科学方法对影响展览设计实施的相关因素进行研究和分析的过程。其意义在于：使策划者掌握现有资源状况，了解观众及市场需求，为内容策划者提供信息资源，为形式设计者提供创作依据，为教育者提供指导理念。博物馆展陈项目策划，一般是由项目建设方组织专家、学者、项目筹备组的有关人员进行的。

2.1 展览策划

2.1.1 展览与策划的含义

展览是由展览的主体机构、展览的客体场馆、展览的市场运营、展览的观众需求等若干相互联系的要素构成的一个系统。它基于社会需求，在一定时间和特定的空间场所中，通过向观众传达各种展览信息，实现文化传播、知识传授、教育观众的社会价值和目的。展览本身能够产生经济效益，并且具有巨大的社会影响力。

策划是指为了达到某种预期的目标，借助科学方法、系统方法和创造性思维，对策划对象的环境因素进行分析，对资源进行组合和优化配置所进行的调查、分析、创意、设计并制订实施方案的思维和行为过程。策划是事先筹谋、计划、设计的社会活动过程，是在综合运用信息的基础上，运用现代科学方法，寻求实现目标的最佳方案的创造性思维活动过程。

2.1.2 展览策划的概念

展览策划是为了实现展览项目的目标，在深入、全面分析展览项目信息的基础上，运用科学的策划方法，制订展览活动最佳方案的过程。展览策划是对展览的整体战略与策略的运筹规划，是对展览项目进行管理和决策的一种程序，也是展览决策的形成过程和将展览目标具体化的过程。

展览策划具有多重选择性、系统性、创意性的特点，是一项具有明确目标性、动态性、可行性和风险性的活动。在进行策划时，需准确地调查市场需求，明确展览活动预期目标。

2.1.3 展览策划的意义和作用

展览策划的意义在于：为展览提供最佳方案，为展览决策提供科学依据；减少展览项目的盲目性，有效地避免资源浪费，提高展览项目的效率和效益；在展览内容和形式上创造全新的亮点；为展览项目的执行提供总体的指导思想；为展览项目提供具体的实施计划。

展览策划的作用在于：一方面能对项目的最终完成效果进行控制和预测，另一方面也能对项目策划方案本身的可行性和合理性进行检验。展览策划方案是展览项目实施的主要依据。策划方案在执行过程中，需根据市场的变动和市场的反馈及时调整方案的不足之处，按照展览策划方案全程推进并控制展览活动的进程，保证展览项目的顺利进行。

2.1.4 展览策划的程序性内容

（1）根据市场调查与预测，确定展览主题、展示对象和观众。
（2）确定展览表现形式，制定展览总体规划。
（3）完成展览组织、展览管理、展览费用预算、展览效益评估和效果测定等一系列决策。

策划的程序一般由主题定位、目标确立、方案设计、方案论证4个步骤组成。按照展览的类型和特点来分类，展览项目策划可划分为4个阶段，即展览启动阶段、展览规划阶段、展览执行阶段及展览总结评估阶段。

2.2 展陈项目策划

博物馆展览策划一般是由项目建设方组织专家、学者、项目筹备组的有关人员进行的。首先,建设方需对项目进行立项,完成项目的可行性报告的制定、申报和审批。其次,项目建设方需组织相关专家进行展陈大纲的编写,确定布展大纲内容,编写详尽的陈列布展大纲文字脚本;明确展览的目的与要求、指导思想与原则、展陈的主题与内容、展品资料的征集与范围、展出规模与面积、表现形式与手法、艺术与技术设计、施工管理与要求、展出的时间与地点、总体方案设计要求及招标文本等。最后,组织人员整理、征集、修复陈列布展所需的实物展品、图文资料、影像资料和相关的设计素材。

博物馆展览策划的"5M"模式:管理(Management)、市场(Market)、信息(Message)、技术(Mechanics)、传播媒介(Media)。博物馆展陈策划涵盖概念策划、内容策划、形式策划三大方面。在项目策划阶段,为有利于项目后续展陈方案的设计和项目工程实施工作的有效展开,甲方可邀请有意向参与项目设计与建设的专业设计单位参与前期的项目策划活动。

2.2.1 概念策划

概念策划是从宏观角度对展览项目进行总体规划。概念策划的分析对象不仅仅在于陈列设计本身,而是结合博物馆的财政预算、发展规划、教育资源及目标观众等现状进行综合分析,并对展览的主题、内容和形式进行明确定位。

2.2.2 展览内容策划

(1)依据展览主题内容遴选展品文物、收集基础数据、进行方案调研。
(2)依据展示主题内容要求,确定展陈的性质、类型、受教群体等,设定其是长期性的展览陈列还是短期性的展览陈列。
(3)对展览陈列选题的个性特征、传播目的、展览定位、形式手段进行专家认证。
(4)对展览内容、观众心理、展馆环境等因素进行综合分析与论证,制定设计理念,确定展览艺术风格。
(5)确定主要内容的展示单元安排、各单元之间逻辑关系、故事线脉络设计思路等,编制设计内容脚本。

2.2.3 展览主题策划

主题是指事物所蕴含的主旨和核心内容,广义的主题指的是题材概念。展览主题的策划是博物馆策展的一个重要组成部分,展览需围绕主题策划来统控展览活动全过程。它是对策划者所要传达的展览主旨信息、目的要求等凝练的概括与表达,并引导展览参与者遵循展览组织机构提出的要求去完成展览活动的各项工作。

展览主题的策划关系着一个展览项目的生命力及其持续发展的前景。在展览项目的整体策划实施过程中,展览主题是整个展览项目的精髓所在,展览主题统筹展览的方案创意设计、空间形态构成、视觉形象等各个设计要素,是贯穿于整个展览活动过程中的演绎核心。

展览主题策划一般由策划目标、信息个性和心理需求3个要素构成,三者互为融合、互相渗透。展览主题的策划目标需符合可行性和展览可持续性发展的原则。展览主题信息个性地科学演绎和表达，有助于使其区别于其他展览，并能引起参与者的共鸣和兴趣。一个优秀的展陈主题策划方案，取决于对海量信息的收集、整理和提炼，需要对同类型展览的信息进行重点分析，如相关展览的数量和分布情况等。

2.3 展陈大纲及展品资料征集

2.3.1 展陈大纲与内容脚本

博物馆的总体陈列布展大纲文字脚本的编写，需经初稿、讨论稿与定稿几个阶段的反复修改、完善和审定，最后形成指导性的布展大纲文件。

博物馆陈列的文字脚本都需花费很长的时间和很多的精力来酝酿，它是总体设计前的准备工作。根据展览活动的目的要求、展览的具体内容及专业需要等情况，由文字编辑人员负责编写总体脚本和细目脚本。这两个脚本将成为展览设计活动的指导性文件。

1. 总体脚本
总体脚本的主要内容包括展览活动的目的与要求、指导思想、基本原则、主题与内容、展品及资料的征集范围与方法、展出的规模及面积、表现形式与手法、艺术与技术设计、施工管理要求、展出时间与地点等。

2. 细目脚本
细目脚本的主要内容包括各章节的主副标题及内容、实物图片选择及数量、图表（统计数据），以及对道具、陈列、照明、装饰、材料工艺、表现媒体、表现形式等的建议。

布展大纲所体现的结构和内容，为设计提供了一个基本的框架和趋向，但不应成为限制和束缚设计的因素。在设计中，应最大限度地发挥设计创作灵感，形成与展陈大纲相适宜、更加完善、合理的设计方案。

2.3.2 展览资料的征集

根据文字脚本的要求，由专门工作人员负责对展品资料的征集与选择，对所有展品均进行逐一登记、注册、编号，标明选送的单位名称、品名、规格、特征等，并留存底册。这项工作将对编写展览项目设计书和具体设计工作，以及展览结束后的展品清理退还工作，都有很大的帮助。

2.3.3 展览项目设计书

展览项目设计书是具体细致的展览文字编辑工作，是细部设计意向的反映。它根据总体脚本的内容要求及征集的实物、图片、文字等资料，由文字编辑人员在征求展览设计师意见的前提下，详细编写出每个单元的主副标题、文字说明、展品和图片的种类与数量等，以及对展览艺术表现形式与媒体的选择，对必备的道具与陈列、照明环境与色彩的特殊要求。

第3章
博物馆展陈设计要素

博物馆展陈设计都是通过光、色、形、材等诸多设计要素的恰当运用来完成的。展陈空间的功能组织、空间形态、色彩基调、照明光效、材料工艺、展具设施等设计要素，在展陈空间环境中不是相互无关、孤立和分割的单体，而是共同作用并为整体空间服务的。展陈空间效果及气氛正是由这些具体的设计语言要素所共同创造的。

3.1 展陈空间与功能空间

3.1.1 博物馆空间形态

1. 空间形态要素

空间的形态一般是以点、线、面、体等几种基本形式出现的。它们在空间中有各自不同的表现形态，并与材料、肌理和环境中的光色等要素共同作用，限定并决定着空间的基本格式和性质；而不同形式的空间又有着不同的性格与情感表达，给人不同的视觉感受，如高大的空间给人以崇高感，在过度开放的空间里人会感到渺小与孤立，封闭式空间由于视野受限，人会感到压抑、郁闷，流动空间令人感到自然、舒畅等。

博物馆的陈列布展可以说是空间的组合艺术，是把各种造型元素按一定形式进行组合的过程。从人的行为心理要素分析，人总在空间的开合之中寻找自身的适宜方位，适宜的开合空间可使空间更加丰富、生动、有变化。由于人们对空间总是有不同的感受，博物馆展陈设计需要创造各种展示空间形态来满足不同层次的参观人群对展陈空间品质的各种需要，使博物馆成为观众感情与情绪的寄托之地。

2. 博物馆展陈空间属性

（1）空间的开放性与流动性。博物馆展陈空间是一个面向公众开放的空间，在这个高度开放的空间中，空间并非只是一个局限于三维立体的场地空间。对观众而言，在展厅空间中走动，时空在不断变化，观看角度与位置也在不断变化。人的观展行为是以一种动静交替的过程性活动进行的，通过调动视、听、触、嗅等多感官，在动态的观展过程中来全方位地获取展场空间所传达出的丰富信息。观众的观展行为及过程呈现为一种自主、流动和动态的特征。

（2）空间的专属性与观展的时效性。博物馆展陈空间存在于专属的展馆建筑中，而非一般的临时或公共空间环境中。博物馆展陈空间设计属于永久性陈设，其馆陈空间的改扩建周期一般为十年。观展的时效性是指人们的观展活动是在一定的时段内进行的。

（3）空间的文化属性。在博物馆陈列布展设计中，除了要合理解决展览功能和常设的工艺技术问题之外，更重要的是要赋予展陈空间以特定的意境和文化气息。展陈空间设计需要深入挖掘博物馆的文化内涵，着力呈现展陈空间的主题和属性，要强调空间整体气氛的营造和观众的情感体验。

（4）空间的延展性。空间的延展性主要体现在两个方面：一是从实体限定空间向无限时空环境的拓展，这种转变强调的是人的参与和情感体验；二是从实体空间到环境心理空间的延展。这一转变导致从研究构成空间的限定实体界面与空间容积的关系转到研究人与展览信息载体空间及其界面的关系上来。

3. 博物馆展陈空间组织

（1）序列式空间。博物馆展陈空间前后顺序分明，时序逻辑感强。展览体系采用编年体和专题相结合的博物馆多采用这一空间组织形式。例如，历史类博物馆常以不同历史时代为展览空间序列，以重大历史节点表现源远流长的历代文明。

(2) 并联式空间。博物馆展陈空间以并联式空间形式组织布设展陈主题内容。科技馆、自然博物馆及专题类博物馆多采用这一空间组织形式。

(3) 组合式空间。博物馆展陈空间组合随意、动线自由，无主次先后之分，给观众以轻松随意、舒适自由的空间意象。

3.1.2 博物馆展陈空间

博物馆展陈空间为人们提供了一个切身感知博物馆丰富的馆藏文物，解读其蕴含的深厚历史文化信息的具体空间活动场所，是承载博物馆展览陈列的主要功能空间，博物馆的普及教育职能在此空间中体现。在现代博物馆整体建筑空间中，博物馆展陈空间所占空间比重较大，是博物馆陈列形式设计的重点。

1. 序厅空间

序厅空间作为观展人流的集散空间，具有将建筑外部空间与展陈空间予以衔接的功能，也承载着点明展陈主题的空间特性。主题序厅的创意设计，要使整个展览主题思想能够深刻印入观众脑海，让观众在了解博物馆展陈主题和属性的同时，得到情感和精神上的升华。

序厅空间的设计与创意，要求立意不俗且形式新颖，如图3.1所示。其多以艺术展陈手法，如主题雕塑、浮雕创作等，来营造富有独特个性的空间，体现展馆的属性和展陈主题。序厅主题雕塑是表现历史博物馆、纪念馆陈列内容最为直观形象的展陈艺术形式。例如，以纪念记载重大事件及人物为主题的雕塑，以其鲜明的主题、极具张力和视觉冲击力的艺术形象，给人以精神的激励和美的享受。

图3.1 序厅空间设计

2. 基本陈列空间

博物馆的基本陈列空间（图3.2）是其性质和特色的体现，代表着博物馆的形象。其特点是展出时间较长、相对稳定。基本陈列体现出了一个博物馆的性质和特色，是博物馆的立足之本。

3. 展陈主题空间

展陈主题空间（图3.3）是观众解读展陈主题的媒介和载体。展陈主题是决定博物馆展陈基本特征和基本信息的指南。在博物馆展陈空间中，成功的主题空间是对展陈主题内容

图 3.2　基本陈列空间

图 3.3　展陈主题空间

的一种全方位、多层面的全新诠释。

在博物馆展陈空间设计中，对"主题空间"重点设计，使之成为展馆的统控空间，达到以点带面、调控观展节奏的效果。一般来说，展陈主题空间创意设计是围绕主题的形象化表现和主题的准确诠释，从情感、感官和形态等多层面展开的。作为博物馆的展陈亮点，不同的展示主题必然要有与之相协调的展陈手段及设计形式。

现代博物馆中的主题场景空间的类型可分为自然景观类、历史场景类、人物事件类、艺术置景类等。

（1）情景再现复合场景（图3.4）以大型情景绘画、置景，配以声、光、电等高科技手段，通过视觉、听觉、触觉等多感官体验来再现主题的展示场景空间。博物馆中的情景再现场景设计最初起源于自然博物馆的生物进化史陈列，如利用仿真的自然环境复原场景，生动地再现出生物的栖息环境，并按照生物学分类分门别类地陈列展示标本，使展览更具科学性及趣味性。

（2）历史再现场景（图3.5）用各种媒介和陈列手法来再现历史时空，利用典型的空间场景来定格历史瞬间和传递丰富的历史信息。

图 3.4　情景再现复合场景　　　　　　　　　　　图 3.5　历史再现场景

（3）原状复原场景（图3.6）。一般来说，历史场景复原陈列应该严格地按照历史事实进行复原。原状陈列应以严谨、科学的态度，还历史以原貌，给观众身临其境的感觉。

（4）沉浸式场景（图3.7）强调展览效果的真实性和观众的临场感，通过艺术展陈手段创造出的景观场景再现，给观众身临其境的现场感，多感官的空间体验和参与其中的共享感。例如，南海一号博物馆通过"水晶宫"和多媒体展示体验，观众可近距离地观看"南海一号"发掘现场，了解考古学家发掘"南海一号"的全过程，感受古代海上丝路恢宏灿烂的历史。

（5）艺术场景（图3.8）。观众参观陈列展览的过程是一个汲取知识的过程，也是一个审美的过程。通过对展陈空间的艺术化创

图3.7 沉浸式场景

图3.6 原状复原场景

图3.8 艺术场景

造，可以更好地突出展陈内容，诠释展陈主题。艺术场景空间多是以绘画、雕塑等艺术手段营造出主题场景空间，如全景画、半景画等大型绘画场景，雕塑艺术场景、景箱等。

（6）场景画艺术（图3.9）属于一门大型的综合艺术，集文史、绘画、建筑、造型、服饰、视听艺术等多学科于一体，是大型写实油画与建筑设计、立体置景、灯光音响设计等众多艺术门类的有机结合。仿真的展示、特效的技术处理等，让很多实体的展示显得更加逼真。而这种逼真的展示，使博物馆的展陈更加多样化，在信息的传输与共享上显得更具时代感。

图3.9　场景画艺术

【数字化展厅】

4. 数字化展厅

数字化展厅运用虚拟现实技术，基于三维图形的生成技术、多传感的交互技术及高分辨的显示技术，生成三维逼真的虚拟空间环境，以达到虚拟化的场景空间与现实空间的相互融合，实现人在虚拟环境中的多感官体验。虚拟展场空间是集各种多媒体展览展示系统于一体，具有沉浸感、交互性和多感知性等特点，已成为一种新的展示空间形式。

5. 临时展厅与室外展场

临时展厅需充分考虑临展文物及辅助展品的出入，展厅设计应尽量简洁、开放，体现临展空间的灵活性，展柜、展架要便于拆装移动，以适用于不同类型的展览。

室外展场是在博物馆建筑外环境空间设置的户外露天展示场地，多用于展示大型展品、设备、武器装备及各类遗址等。

3.1.3　博物馆公共空间

当今博物馆已逐渐成为集参观、休闲、旅游于一体的文化消费场所。完善的空间功能和配套服务设施是现代博物馆的一项重要指标，是保障观众体验过程的舒适度与愉悦感的保证。因此，博物馆需要多种形式的功能空间和服务设施为观众提供全方位服务。

一般来说，每个博物馆的展陈附属空间由藏品库区、技术用房、行政办公用房、学术研究用房、设备用房等几部分组成。

博物馆的服务功能空间包括停车场、服务台、咨询引导处、寄存处、游客中心、游客休息区、博物馆过廊、餐饮店、礼品店等。

博物馆公共空间的设置必须尽可能满足观众的需求，与博物馆的环境空间格调相适宜，具有文化特色。

1. 门厅与进厅

门厅一般设有票务处、咨询台、寄存处、纪念品销售处、观众休息等候区等。进厅可分为前厅式、中庭式、走廊式与过厅式4种形式。门厅与进厅（图3.10）需满足

图 3.10 门厅与进厅

图 3.11 服务大厅

观众参观的视觉节奏和舒适度要求，可以依靠空间的构成、色彩、光影、材料、装饰等表现博物馆的主题、文化内涵与艺术感染力，集功能性、艺术性、象征性、趣味性于一身。

2. 服务大厅

博物馆公共服务大厅（图3.11）是充分展现博物馆独特的文化内涵和空间品质的公共场所。其设计应强调艺术性与功能性的完美结合，通过装饰陈设、景观植被、艺术小品及配套服务设施的设计来带动和提升整个空间大环境的品质。门厅、游客服务大厅、礼品商店等公共空间与展厅的连接通道应流畅、便捷、宽敞。

3. 展陈辅助功能空间

展陈辅助功能空间包括学术报告厅、演示厅、贵宾室、文物库房、接待室、员工休息室、行政办公室等，在整个博物馆的建筑空间序列中起着配角衬托作用，是展陈空间的辅助空间。辅助功能空间一般都作为形象简洁的中性空间来设计。例如，报告厅的位置宜布置在既接近展厅又相对独立的区位上，报告厅相对独立的出入口应避免与参观展厅的观众人流交叉。

4. 服务设施

服务设施（图3.12）包括入馆安检设施、各类餐饮服务设施、导览设施、休息设施、信息查询设施及残障人士所需要的设施等。

图 3.12 服务设施

3.2 展品陈列

3.2.1 展品

博物馆展品（图 3.13）是指用于展览陈列的有级别的珍贵文物和无级别的普通文物，如标本、化石等实物展品，以及影视资料、音像资料、图文资料和文献档案。对于博物馆的文物展品陈列，要深入研究馆藏文物的内涵、特点，要考虑将陈列藏品置于其产生、存在和利用的社会历史背景中。由于博物馆中的陈列品都是极其珍贵的物品，不能受到损伤，因此，展厅的温度、湿度、空气流通、自然光和照明灯光既要

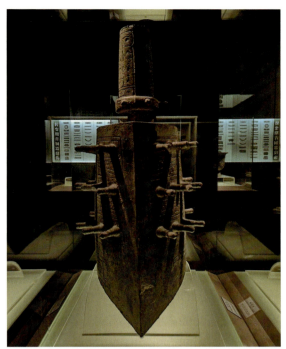

图 3.13 博物馆展品

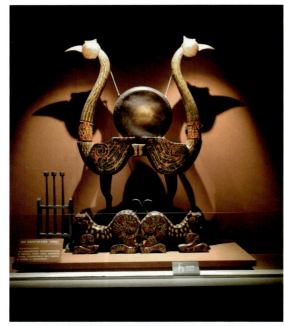

图 3.13　博物馆展品（续）

适合展示展品，又要适应人的感官条件和舒适性。

3.2.2　展具设施

展具是指用于突出陈列展览的视觉效果，衬托、保护文物及其他展品的展柜、壁龛、展台、标牌、支架、展托、卡具、容器等展览用具。根据展品的大小不同，展具可分大、中、小型 3 类。

大型展具可用于分隔空间，是构成展区大框架的道具，如展台、展柜、通柜、台柜、龛柜、独立展柜、通排墙柜、壁柜、桌柜、异型柜、中心四面柜等。中型展具是指展位内、展台上陈列用的道具，如转台、积木块、模特台等。小型展具一般指特殊的小展架、小展托、支架、卡具、说明标牌、装饰物等。

展具设计应满足文物保护、展柜安全、视觉美学、操作实用 4 项基本技术要求。

（1）文物保护技术要求。展柜所用材料不能对文物造成损害；展柜需具有良好的密封性；展柜中的照明光谱应接近于自然光，灯的热量通过排风设备排到展柜外面。

（2）展柜安全技术要求。具备物理稳定性和足够承重能力，柜体材料坚固耐用；材料具备自身防火性能；具有防盗功能，采用专业的锁具系统。

（3）视觉美学技术要求。展柜外观美观大方，颜色均匀统一；展柜玻璃视线开阔，有的要考虑儿童的观看要求。

（4）操作实用技术要求。展柜的柜门设计得方便拿取和放置文物；展柜附带多层活动支架、支撑板、固定挂钩和承重玻璃板；吸湿缓冲材料的箱体置于展柜下层，方便置换。

展具设施（图 3.14）的合理选用应考虑展览内容、展线及动线要求，同时需满足不同材质展品的柜内微环境要求，如防潮、防紫外线、恒温恒湿等。对重点或特殊展品，要选择恰当的展览方式。柜内外灯光设置需考虑观众的观展视觉需求，展柜玻璃宜采

图 3.14　展具设施

用白光展柜玻璃和低反射展柜玻璃。展品标牌的造型、颜色、材质和规格应简洁明了，便于观众阅读，不能影响展品展示和视觉效果。

3.2.3　展品陈列方式

展品陈列应根据展览内容选取代表性展品，按照主题、序列及艺术形式等进行组合。根据不同展品和展示空间，采用组团式、阵列式、对比式等方法安排展示。对于重点文物要在展线突出部分进行重点展示。

1. 展柜陈列

展柜包括陈列壁柜、壁面嵌入式陈列展柜、小型文物展柜、大件文物展柜等（图3.15）。

2. 中心陈列

中心陈列（图3.16）是把重点文物或大型陈列品放置于展厅中心区域或陈列重点空间中，使观众一进馆就能看到文物或展品。

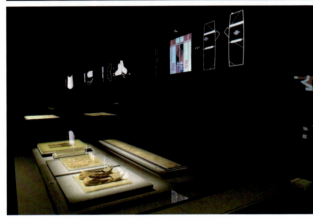

图 3.15 展柜陈列

图 3.16 中心陈列

3. 开放式或半开放式陈列

开放式或半开放式陈列（图 3.17）是一种对陈列文物和展品进行全方位、多视角的陈列方式，观众可近距离观看或直接触摸体验展品。

图 3.18　动态展示陈列

5. 组合陈列

展品的组合陈列（图 3.19）要准确把握展品之间的相互关系，切忌杂乱无章地堆砌，要分清展品重要性的主次关系，突出重点展示的内容，充分挖掘展品表现内容的故事性、情节性。例如，以大型、重点展品为主，结合图文展板、多媒体影像的文物组合陈列空间。

6. 场景化陈列

根据文物展品的内在关联性，将文物展品陈列于与之相关的特定空间环境中，利用展示道具，创造出真实感极强的场景，表现展品存在或应用的特定环境空间，形成大型场景化的陈列空间。例如，结合军工生产制作场地的环境和劳作场景摆放文物展品，如图 3.20 所示。

图 3.17　开放式或半开放式陈列

4. 动态展示陈列

在观看动态展示陈列（图 3.18）观展时，观众可参与演示、动手操作、亲身体验。

7. 展厅壁面陈列

展厅壁面陈列（图 3.21）效果通常都是通过二维及三维的深度感体现出来的。因此，展墙空间界面的造型、饰面材料及依附其上的图文展板设计是体现和丰富展陈效果的主要手段。

图 3.19 组合陈列

图 3.20 场景化陈列

图 3.21 展厅壁面陈列

3.3 展板与导视设计

在博物馆展陈空间中,图文版式、标题展板、视频影像的视觉美感是展陈设计的重要内容,图文展板等视觉平面设计的好坏将直接影响展陈效果和观众的情绪。同时,从人体工程学的角度来看,陈列展品、图文展板的设计应当充分考虑视觉生理在视力、视野、视角、视距、视觉容量、视觉感知度等方面的舒适度。例如,文物展品陈列的有效高度范围、展板的字体大小等,应尽量满足所有类型观众的观展需求。

在博物馆陈列展览中,版式设计作为传播视觉信息的一种二维媒体形式,是展览内容可视化设计的延伸。因此,好的版式设计既要完整地表现展览内容和主题,又要结合布展空间点位、展墙立面造型、展板肌理材质及灯光照明等因素。随着新技术、新材料逐步应用于博物馆的陈列展览,图文版面的呈现形式更加丰富多样,如动态图文展板等。

3.3.1 展板版式设计

展板版式设计(图3.22)主要是指以图文内容为主的平面设计。除了图片、文字的排列之外,版式设计还需要考虑版面大小及陈列位置,版面背景色彩、色调,版面文字的字体、大小、颜色等。

版式设计的整体风格、色调要与展览内容相吻合。版式的图形、文字的比例适当,文字颜色及字体大小要符合人的视觉习惯。展板制作的材料选用要安全、环保。

展板的类型包括:前言、标题展板,图文展

图3.22 展板版式设计

板;图表、图示展板,电子动态示意展板;书影图板、文字展板;独立展板、展墙立面挂板;悬挂图板、背景衬板;文物、展品导览说明牌等。下面主要介绍标题展板、文字展板、图文展板、展板形态及材质。

1. 标题展板和文字展板

对于标题展板和文字展板,可以通过对文字的大小、字体及颜色的处理,或对文字衬底色进行调整,来避免文字版面的单调。标题展板的字体需要有一定的醒目性,能一眼就看到,要超过正文的视觉注意力;选择较粗的字体运用在标题上比较合适的。

2. 图文展板

图片排列的先后顺序与大小的调整是图文展板设计中的重要环节,设计时应该首先从图片材料的分类着手。对图片进行大致分类后,就需要对图片的大小和位置进行安排。对于展板重点要表达的内容,设计师在进行版式设计前需要和甲方确定下来。如果图片的先后顺序、大小安排得不合适,就会造成展示内容表达上的逻辑错误。图文展板需要按照人们习惯的阅读方式进行排版,强调图片的可视性和可读性（图3.23）。

3. 展板形态及材质
（1）展示空间中展板的造型主要有平面型、弧面型、折面型、组合型等几种形态。
（2）展板可以用平行、垂直、交叉、错位、放射等形式进行组合。
（3）展板主材可以是木材、钢板、铝单板、铝塑板、亚克力板、钢化玻璃、纸张、织物纤维类及各种新型的复合材料。收边条材质有定制金属型材、塑料、铝塑板、钢板或铝单板等。
（4）展板的饰面制作一般有喷绘、激光直放照片、UV喷印、丝网印等。

3.3.2 导视系统设计

博物馆导视系统是博物馆空间中不可缺少的设施之一，也是博物馆展陈设计的一个组成部分。博物馆导视系统的顺畅性、艺术性、

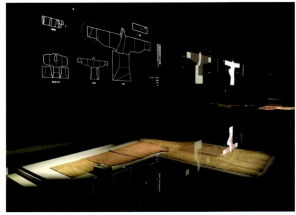

图3.23 图文展板设计

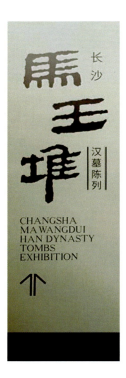
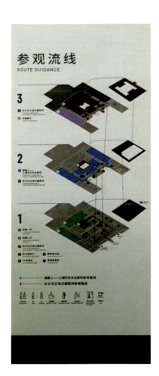

图3.24 导视系统设计

人性化的设计是确保观众获得良好观展体验的前提，也是评定博物馆展陈设计水平优劣与否的标准。博物馆导视系统的设计要容易识别且经济实用，导视标牌的材质、造型、色调要与展馆基调、展陈主题相协调，要能体现馆陈特色（图3.24）。

导视指示牌的设计造型、材料、照明、尺度比例和制作工艺要与所处的空间环境相协调，并满足人的阅读舒适度。

常见的导视标牌有竖直型、斜面型和水平型，其制作材料主要有石质、玻璃、不锈钢、铝板、复合塑料型材等。

3.4 展陈手段与技术运用

博物馆的设计能否给观众提供一种难以忘怀的观展体验，将直接影响公众对博物馆的认同感和归属感。由于博物馆本身包含广泛的人文历史、自然科普、民族风俗等知识，这使得其展陈形式的手段也具有多元化的特征。如何运用多种展陈手段和技术，以观众易于接收的展览形式，将抽象、概念化的展览内容转换为可感知的直观视觉形象，充分调动观众的视、听、触、嗅等多感观，来强化观众的参观体验和情感记忆，提高观展的趣味性、可看性和体验性，以求达到寓教于乐的展览效果，是现代博物馆展陈设计的重点。

展陈手段与形式的多样化，使得当代博物馆的展陈设计更加注重观众与展品的互动与交流，注重扩展人们的生活经验、经历和感受，促进人们与空间环境的对话。因此，博物馆陈列形式不仅是陈列内容的载体，也是情感的一种传递方式。

3.4.1 主要展陈手段

1. 传统的展陈手段
传统的展陈手段主要有图文展板、文物与展品陈列、沙盘模型、模拟置景等。

2. 艺术展陈手段
合理地运用艺术展陈手段，是提升博物馆展陈吸引力和感染力的有效途径。艺术创作手段常用于展现陈列内容上的亮点，如对重大事件、重点人物、重点场景的艺术再现。其主要形式有全景画、浮雕、雕塑、蜡像、油画、国画、微缩景箱和大型艺术场景的创造，如半景画场景、情景式复原场景、沉浸式场景等。

3. 多媒体展陈手段
在博物馆展陈设计中，视频影像、三维动画等多媒体技术，以及影像合成拼接技术、机械互动技术、声控感应、电磁感应、触摸压力感应等现代科技手段得到了广泛应用（图3.25）。多媒体以其具有声音、影像和文字等综合信息的传播能力，能与观众进行有效的互动和沟通，加强了传播效果。多媒体展陈手段使博物馆的展陈内容以一种更加科学、直观的传播方式让人们去认识和了解。观众通过视觉、听觉、触觉等来体验展陈的效果，这种观展活动也成为展陈的一部分。

3.4.2 数字媒体技术应用

互联网及数字媒体技术的运用，以传统展示

图 3.25　多媒体展陈手段

方式无法抗衡的互动性、综合性和强烈的现场感，更符合信息时代人们的观展方式，而深受大众的喜爱。

人机交互技术、计算机程控技术、VR 技术等高科技手段，在博物馆的交互展项设计中的应用越来越广泛。交互展项具有实时性、集成性、娱乐性、交互性等优点，易于将展陈内容转化为个人的体验，观众可通过数据交互、图像交互、语音交互、动作交互等交互形式，实现人与展品、人与环境的即时互动。

随着 5G 时代的到来、智能手机的普及，AR（Augmented Reality，增强现实）、VR（Virtual Reality，虚拟现实）和 MR（Mixed Reality，混合现实）等技术的广泛应用，公众可以在线上进入博物馆的虚拟世界，实现沉浸式观展体验，通过随意旋转和放大欣赏高度还原的文物展品。5G 技术将打破空间的束缚，将线下博物馆展览延展至线上，为文博行业和艺术行业带来无限的可能性和无穷的想象力。AR、VR 和 MR 等新技术带来了全新的展陈形式。

博物馆展览中的数字化媒体设施与装置主要包括大型媒体设施、媒体传播系统、互动参与装置、娱乐体验装置、导览媒体装置等（图 3.26）。

（1）大型媒体设施，如 3D 影院、4D 影院、环幕影院、球幕影院、多媒体沙盘模型。
（2）媒体传播系统，如电脑触摸屏、多媒体投影、幻影成像、三维动画、动作捕捉系统。

（3）互动参与装置，如电子竞赛系统、虚拟场景系统、互动游戏桌面。
（4）娱乐体验装置，如互动投影装置、感应地幕装置、虚拟现实游戏。
（5）导览媒体装置，如语音导览系统、手机导览系统、定向讲解装置。

1. 电子签名

电子签名可以替代传统的签名留言方式，凭借先进的人体动作捕捉系统与一流的 UI 设计，系统在识别到用户手指（笔）的书写动作后；把用户的笔迹显示在屏幕上。系统的摄像头随时可以为签名人拍照，签名可以通过互联网发送，也可即时打印。

2. 多点触控

多点触控（图 3.27）是采用人机交互技术与硬件设备共同实现的人机交互操作。该技术能同时接受来自屏幕上多个点进行的人机交互操作。

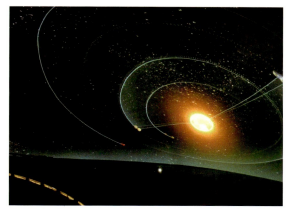

图 3.26　数字媒体技术应用

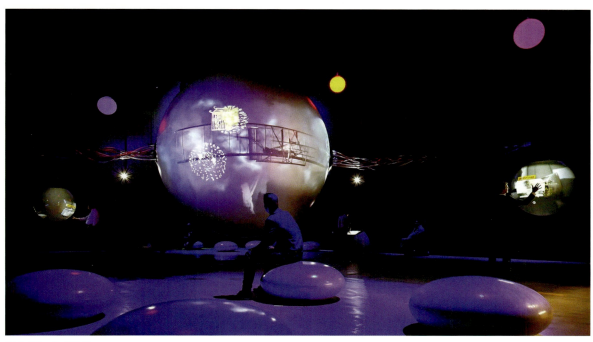

图 3.27　多点触控

3. 动态数字沙盘

动态数字沙盘展示系统是现代数字影像技术与传统沙盘模型的结合，同时具备多种独特的展示功能。例如，数字虚拟沙盘系统将城市的自然地形、道路、建筑等城市要素，进行数字化处理，它为城市的规划、建设，以及运营管理和对外招商宣传提供可持续发展的信息化服务，大大提高了城市空间信息共享和利用水平，提高了城市整体的信息化管理和经营水平。

4. 互动投影幕

互动投影幕是利用计算机图像感应技术、图像识别技术，以及温度、声音等各种传感器，实现人与投影内容的交互。互动投影一般有墙面互动投影和地面互动投影两种方式。观众通过改变自身形态、动作，与展示内容进行充分互动，实现展览与互动体验的完美结合。同时，其展示自由度较大，可进行多画面拼接使画面清晰。这种展示方式是一种适用性广泛的新型互动高科技展示手段。

5. 互动数字影像墙

互动数字影像墙（图3.28）展板、实物、屏幕相结合的展示形式，观众设置感应区，当观众经过展项，对应的感应墙被点亮，并开始演示相应内容，使观众产生参与感和参观过程中的主动感。互动数字影像墙能承载丰富的展示内容，观众可以通过互动方式触发素材进行观赏、查询，具有强烈的科技感和空间感。

6. 3D动态半景画

3D动态半景画是多媒体技术结合传统的半实物仿真技术衍生出的一种新型媒体手段。它将油画、地面塑型、投影影像、灯光音响等表现元素完美结合，再现故事场景和历史场景，是一种新型多媒体展示形式，拥有较强的艺术表现力和真实的场景感染力。其可扩展性极强，适用于博物馆、规划馆、历史故事还原、未来世界虚拟、数字城市等领域。

7. VR技术

VR技术利用计算机模拟产生一个三维空间的虚拟世界，提供关于视觉、听觉、触觉等感官的模拟，让观众可以实时地观察三维空间内的事物，实现身临其境的沉浸感和情境体验。

图3.28　互动数字影像墙

8. AR 技术

AR 技术通过计算机系统提供的信息增加用户对现实世界感知的技术。将虚拟的信息应用到真实世界，并将计算机生成的虚拟物体、场景或系统提示信息叠加到真实场景中，从而实现对现实的增强。它可以让观众在观察现实场景的同时取得与现实场景相关的数据。

9. 环幕影院

环幕影院是指弧度为 120°～360° 的数字影院系统，由影片、投影融合系统、柱面投影屏幕组成。它能给人带来十足的立体感、动感和沉浸感，是数字化展厅中比较重要的多媒体设备，能为观众带来震撼的视听享受与愉悦的沉浸式体验。

3.5 博物馆照明与光效

博物馆展陈设计是一项综合空间形态设计与环境的创造。博物馆的光效设计，不仅是将一定量的展陈内容信息和展品文物展现在公众面前的照明方式，其光影也是一种无法替代的造型设计元素。对环境气氛的烘托是光的极为重要的一种应用。利用光设计能使本来简单的造型变得丰富，光对展厅空间造型的主要作用体现为：光能表现空间构成物形的特征，在不同程度上改变某些材料的视觉质感，并使它产生在冷暖、轻重、软硬上的感觉上的微妙变化。一般情况下，光影与色彩是共同存在、相互影响又互为促进的。光影指示性受光照强度、距离、色彩及环境等因素影响。

【博物馆照明设计】

现代博物馆常采用天然采光和人工照明相结合的方式进行光效设计。自然采光的方式，包括高侧窗采光、侧窗采光、高侧窗和侧窗并存天窗采光等；人工照明的方式，包括一般照明、区域照明、结合一般照明定向区域照明、定向区域照明结合一般照明、展柜照明等。

照明形式一般分为基本照明、局部照明和特殊照明 3 种。在博物馆的展陈空间中，这 3 种照明形式可具体对应为展厅及环境照明、文物及展柜照明、重点展区及场景照明。

博物馆的照明与光效设计需要展陈设计师配合专业的照明设计师进行，这种协同工作贯穿于方案的设计阶段直至施工制作的全过程。

3.5.1 博物馆照明要求

1. 以照明导引观众

展陈的设计最注重的是内在的一致性与逻辑性，为此，除了精心地设计展示布局之外，照明的导向性也是很重要的。众所周知，人有趋光性，也就是更亮的地方会更吸引人，特别是在一个整体环境亮度不高的地方。通过设计各个展示空间——包括展品本身及建筑空间环境——不同的亮度来引导人群走向，令观众不自觉地融入整个环境。

2. 突出重点照明

在各个部分的展陈中，总有主次之分，重点部分的照明应与普通展品在手法、强度或光色上有所差异。标志性文物除了以其本身的重要性吸引访客之外，还应通过适当的照明突出其地位。而相应来说，对于普通展品的处理，则需要考虑全局的协调性。

3. 强化场景特效照明
在博物馆中，场景空间是展陈中的华彩篇章。强化场景特效照明能给人以深刻的印象，也增强了整个展示的趣味性和感染力。

4. 以环境照明营造气氛
照明不是孤立的，而是展览的一部分。整体照明设计与展陈设计本身一样，需要注重呼应、起承转合关系及内在的协调。展馆空间环境的建筑照明，虽不是重点，但关乎整个展示的气氛与感觉。

3.5.2 展厅空间的照明

1. 展厅基本照明
在展示陈列空间的顶部有规律地安装的灯光，一般以均匀的明度照亮展厅空间，使人能清楚地看到陈列展品与陈列的说明文字。通常展厅基本照明与展品照明的照度对比以 1 ∶ 3 为宜，展柜内照度为基本照明的 2～3 倍。

展厅基本照明控制设计宜采用红外、光控、时控、程控等分区控制方式，并具备手动控制功能；选用与展厅环境氛围相匹配的灯具，演绎与主题升华展厅照明艺术效果（图 3.29）。

2. 展墙、展板的照明
展墙、展板的照明多采用立体感、多层次的照明配光模式。对于立面展墙上的标题、图片、文字等展板，在照明中首先要保证充分和均匀的照明，其次要避免眩光。艺术博物馆的光照强度不宜过强，避免对艺术作品造

图 3.29 展厅基本照明

成光污染，影响观众欣赏艺术品。

3. 过渡空间的照明
博物馆的主入口大厅、门厅等过渡空间一般看作观众的"视觉调节区域"。为了缓和观众不同时间进入博物馆内部时眼睛出现不舒服感觉，过渡空间的照明应随着时间的变化而进行调节，以缓和观众因照度高低的悬殊而带来的眼睛不适感（图 3.30）。

博物馆走廊通道、休息区的基础照明不应过高，以能满足实现基本行走的功能为宜。

图 3.30　过渡空间的照明

3.5.3　文物及展柜照明

文物类展品的照明（图3.31），需合理配置展品与周边环境的亮度比，减小均匀度差距，控制眩光和溢散光的发生，提升观众的视觉心理舒适度，并利用灯具的明暗、强弱、冷暖、虚实等关系赋予空间灵魂和生命。照明应保证观众可以看清陈列展品的细节。

大型立体展品照明形式和灯具的选择，需要考虑展品的尺寸、形体转折、材质反射率等诸因素。

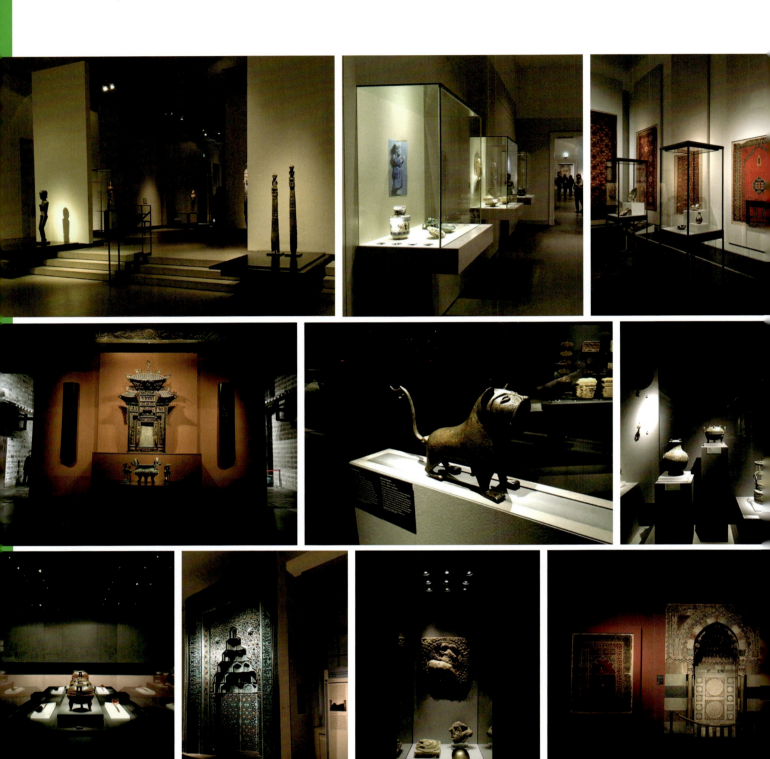

图 3.31　文物类展品的照明

3.5.4 重点展位及场景的特效照明

重点展位及场景的特效照明（图3.32），通过光色的艺术设计和色彩变换来提高观众注意力，进行展览气氛的渲染，创造出多感官的展览效果。要充分利用灯具产生的光影效果，营造强烈的整体感、真实感与沉浸感的展陈空间意境。

图 3.32　重点展位及场景的特效照明

对展场空间环境气氛的烘托是场景灯光设计的重点，设计多采用水平照明和垂直照明两种手段相结合，场景空间的光效控制以营造足够的空间感和场景所需要的具体特效为准则。

3.5.5 博物馆照明灯具

博物馆照明灯具应选择显色性好、色温正确、亮度适宜、附属装置少、体积小、寿命长、启动时间短、方便操作的专业灯具。灯具的光照度、眩光限制、显色指数、紫外线含量、色温、年曝光量应符合国家标准《博物馆照明设计规范》（GB/T 23863—2009）的相关规定。灯具的发光效果应柔和、均匀、光色纯净，无散落光斑，无明显重叠，无杂散光。

博物馆常用照明灯具主要有轨道灯、镶嵌灯、射灯、成像灯、摇头电脑灯、水波纹灯、LED染色灯、分色涂膜镜等。

3.6 材料设计

3.6.1 材料的选择与运用

材料对展陈空间的形态、特点及空间的品质、设计风格的体现有着重要的影响作用。展陈空间效果的营造依靠材料与空间形态、光照、色彩的巧妙搭配。材料的选用要"因材适用"，选用环保、优质、耐用、性价比高的装饰材料，尽量选择当地的饰材，以降低材料损耗和成本。

设计中材料的运用，要考虑材料的触觉和感觉特性，注重材料的表现力，充分展现每一种材料自身所具有的实用性与审美价值。通过各种材料的组合、现代工艺的特殊加工和艺术处理，利用材质硬与软的质感、粗糙或平滑的肌理、亚光或光亮的表面来最大限度地挖掘出材质的美感。例如，石膏板是以石膏为主要原料，具有防火、隔音、隔热、轻质、高强、收缩率小等特点，而且稳定性好、不老化、防蛀虫，但耐潮性差，固定方式也简单多样，广泛用于吊顶、隔墙、内墙、贴面板；而清水混凝土饰材、仿真岩石肌理展墙所彰显出的质朴、粗放、自然的材料特性，可赋予空间以厚重感。同时，材料的选择应与展馆的空间属性相适宜。以历史类展馆为例，此类展馆的展墙、壁面主材多以壁纸、石材、木材、青砖墙为

【博物馆材料设计】

主；局部选用金属板材、石材及线材收边，天棚选用黑色格栅、垂片结合局部石膏吊顶；地面铺装材料多选用亚光石材、地砖或塑胶地板，以体现展馆深厚的历史文化品位。

展馆空间的主材大致可分为顶面材料、展馆立面装饰材料和地面铺装材料三大类。

3.6.2 顶面材料

博物馆的顶面材料多选用轻钢龙骨、格栅、石膏板、轻质塑料、塑钢、膜材料、金属垂片、硬铝板材等。博物馆建筑顶部空间的框架结构通常需隐藏在顶面材料内。顶面材料的选择，既要考虑顶面材料与顶面框架结构的组装问题，还要考虑空间的高度及功能的要求。

（1）龙骨。龙骨主要起固定、支撑和承受的作用。龙骨的主要类型有铝合金龙骨、木龙骨。龙骨搭建好后就可安装装饰面板，如石膏板、铝塑板等。

（2）格栅顶棚。格栅顶棚由铝格栅元件及"U"形龙骨共同组成。格栅顶棚轻盈简洁、安装便捷，能够灵活地满足设计需求，适合大面积的顶面空间使用，是现在使用较为常见的顶面材料。

（3）光膜吊顶。光膜吊顶作为一种顶面软质装饰材料，更容易对人产生亲和力，给人以温暖轻盈的心理感受。

（4）组合式吊顶。组合式吊顶由多种材料组合而成，常见的有金属框架和有机玻璃的组合、金属方管和木制材料的组合、金属框架和灯具的结合、金属架与展示布的组合等。

3.6.3 展馆立面装饰材料

展墙柱面材料应满足耐刮擦、安装稳固、抗冲击、抗震、可拆卸、易维护、易更换等要求。展厅、门厅的顶棚和墙面应做吸声处理，地面宜选择防滑和静音面层材料，吊顶宜选择低反光或无反光的面层材料。

展板的基层应选择具有坚硬、轻质、不易变形的环保材料。图文展板的贴膜、喷印蚀刻、纸基、布基和印刷膜等材料，应选用防火、防潮、防腐、防虫的环保材料。展板和展墙都是展示信息的载体，常见的材料有KT板、PVC板、全封板、软布、亚克力板、磨砂玻璃、"U"形玻璃、玻璃砖、灯光墙、软膜（PVC薄膜、ETEE薄膜）等。

常用的展馆立面装饰材料有洞石、木纹石、滑石板、层岩板、墙砖、水泥压力板、金属板、金属孔板、亚克力板、人造复合板材、钢化玻璃、雕刻铜板等。

3.6.4 地面铺装材料

在选择地面铺装材料的时候需要注意材料的强度、耐磨、防水、防潮、防滑、防静电处理，以及不同材料的视觉艺术效果等。

常用的地面铺装材料有石材类、地胶材料、地面漆类、涂料、地砖、木地板、复合地板、地毯、玻璃地台、灯光地台等。

第 4 章
博物馆展陈方案设计

现代博物馆展陈项目设计，一般主要包括建筑及外环境的整合设计与景观规划、展馆展陈空间设计与布展、附属功能空间设计及服务设施的完善等内容。其展陈形式设计应体现形式与内容的完美结合，遵循"适用、经济、绿色、美观"的主导理念，并以最佳的视听观展效果将博物馆陈列主题和内容呈现出来。展馆空间的平面分布、参观路线的设计、展示内容的表达、陈列的方式和技术、色彩及照明效果都应进行条理清楚的周密考虑和科学艺术的设计，并符合在施工技术、安全消防等方面的要求与规范。

4.1 设计展开

博物馆布展陈列设计项目来自出色的项目策划与设计前期工作，在承接一个展示项目设计任务后，需快速筹备组建项目设计团队。根据项目建设规模、展陈内容、设计周期、资金投入等情况，制定工作的日程进度，合理安排各阶段的工作时间，确保各项工作在预定的时间内完成，合理进行各项工作的统筹与具体分工。

4.1.1 设计考察调研与现场勘察

（1）了解同类展馆的运作模式与展陈形式，目标观众的认同感与效果评价。
（2）深入研读布展大纲、展陈主题，了解馆方的目的、要求和预期效果。
（3）清晰展品的种类、数量、规格、尺寸等。
（4）对布展工艺、材料设备、展具设施、辅助展项等的产品生产厂家、技术参数与市场价格进行考察。
（5）熟悉现场的建筑空间与结构，了解实际尺寸、配电情况等，对展开设计与布展陈列至关重要。

4.1.2 深入解读展陈主题与布展大纲

博物馆展陈主题决定展览设计的走向。策展大纲所体现的结构和内容，为设计提供了一个基本的框架和趋向，好的设计创意来源于对展览主题和布展内容的深度解读和理解。

展陈方案设计的构思往往围绕主题展开。设计构思过程中，必须全面了解要传递给观众的展陈信息内容，并基于展览的设计创意、展陈空间设计的风格及气氛营造需求，把展览的主题及内容，以一种最佳和最合理的设计形式表达出来，形成与展陈大纲相适宜的创意设计方案。

4.1.3 设计定位与构思

清晰明确的设计思路、设计理念、设计目标、设计方法是确保方案设计有序展开的前提（图4.1）。设计构思应在调查、分析、综合和判断的基础上先放后收，广开思路，深思熟虑地从众多方案中选择最佳方案，然后广泛征求各方意见，反复修改形成设计定案。

在展开方案设计前，首先要对展览设计的主题、类别、目的、意图进行分析和定位。依此来确定设计的形式、空间的结构、展示的手段、媒介体的选择等诸多设计要素。其次，必须对设计的展览内容、展示的受众对象、合理的功能需求、文化内涵的呈现、设计的限定条件、展览要达到的效果十分明晰，并采用各种展陈手法确保这种设计指导思路得以科学而真实地表达。从具体的文物展品陈列、展览内容的版式编排、展台展具设备的位置比例，到空间的形态、照明效果、观展节奏及观众观展活动在安防等方面的要求与规范，都应清晰周密地考虑，并创造出独特的展览效果。

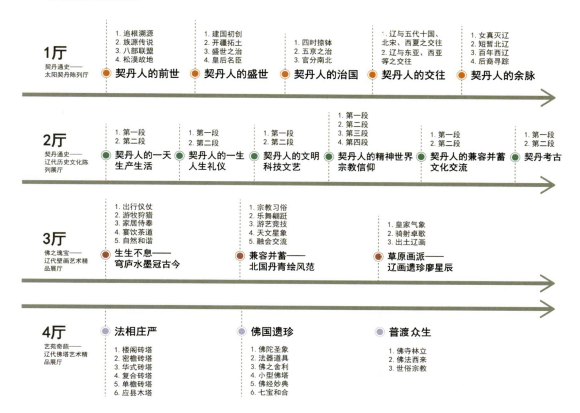

图 4.1 设计定位与构思

4.2 展陈方案设计

博物馆展陈方案设计分为展陈内容分布、展线设计、展陈空间设计、展陈形式设计等。方案设计应在设计调研的基础上，围绕展览的主题与内容、展馆的功能需求、展出的展品资料、观众的观展需求等进行创意设计和方案的比较筛选。基于对展览大纲的主题内容的综合分析和研究，确定展馆的内容展区分布、观展流线、展陈基本空间形态和艺术风格，提炼展陈设计的重点和亮点，并就光色照明、展具设施、工艺材料等进行合理可行的最佳优选方案设计，确保设计方案的可实施性。同时，展示内容主题的表达、展示信息的传递形式、展陈技术手段的运用、受众者接收信息的方式及其需求，都需在方案设计中全方位考虑。展陈方案设计应充分体现知识性、科学性、真实性、艺术性、趣味性、教育性共生原则。

4.2.1 平面布置与观展流线

1. 平面布置

博物馆平面的总体布局需依据展览规模、展馆面积，从宏观的角度来合理划分功能空间，分配展陈内容所属的区位、面积大小和具体所需的尺度，并根据观展的时序性，安排和组织观展空间的序列。展陈空间的规划既要满足观众的生理及心理两个方面的最佳需要，又要满足展陈设计适度调整的需要。大型展馆空间功能区域可分为展馆外环境空间、博物馆展陈空间、辅助功能空间及室外展场等几大序列空间。

设计中可根据展陈内容、观众及内容对顺序性的要求决定平面布局，并从观众参观顺序、人流速度、展陈空间、滞留空间、场景设置、各展厅之间的联系，以及展墙、展板的布置、展柜与展台分布等多个方面进行统一考虑。设计师可以采用各类总平面和分平面分析图示方式来表达展陈空间、公共空间与主要交通空间之间的关系，可以采用轴测图或鸟瞰图的方式来展示各展区之间的空间关系，对主要展陈区或重点展区进行分析（图4.2）。

博物馆平面布局多以序列式空间和组合式空间为主。序列式空间布局前后顺序分明，时序逻辑感强，纪念类和历史类展馆陈列空间多采用这一形式。组合式布局的空间组合随意且动线自由，无主次先后之分，给观众以轻松随意、舒适自由的空间意象。

2. 观展流线规划

博物馆是一个人群相对集中并处于流动状态的观展场所。观展流线（图4.3）是一个展馆人流引导网络与布展框架的体现，观展流线直接影响观众的参观质量及停留时间。合理的流线设计应清晰、便捷、顺畅、安全且易于识别，避免观展流线的交叉、重复和逆流。设计中需考虑观众可以根据自身的兴趣来自主选择观展路线的需求。观展流线要尽力减轻观众的疲劳程度，主次通道的宽度要适当，应符合消防、安防等方面的要求与规范。满足预计观展流量及疏散、避难和逃生等风险防控能力的要求。博物馆的观展路线一般是顺时针方向，可以分为单线式、复线式、开放式等多种类型。

展线设计需注意与展陈内容的关联性，与平面布局的呼应性，依据展陈内容所具有的内在秩序性，可通过对序厅、展陈重点、尾厅等核心空间的统控，使整体展陈序列前后连贯、有张有弛、富有节奏。展线展陈内容的

第4章 博物馆展陈方案设计

中国契丹辽博物馆 / 展陈内容分布 /

辽代壁画艺术精品展厅　展陈内容分布

1. 第一单元　生生不息——穹庐水墨冠古今
- 第一节：出行仪仗 1.文物：37件 2.辅助展品：1件
- 第二节：游牧狩猎 1.文物：18件 2.辅助展品：3件
  3.多媒体：出行归来图电子触摸屏
- 第三节：家居侍奉 1.文物：31件 2.辅助展品：3件
  3.景观：辽代家居侍奉情景展示
- 第四节：宴饮茶道 1.文物：23件 2.辅助展品：3件
  3.多媒体：辽代选茶、碾茶、煮茶情景展示
- 第五节：宴饮茶道 1.文物：21件 2.辅助展品：5件

2. 第二单元　兼容并蓄——北国丹青绘风范
- 第一节：宗教习俗 1.文物：29件 2.辅助展品：4件
  3.浮雕：辽代门神雕塑展示图
- 第二节：乐舞翩跹 1.文物：18件 2.辅助展品：3件
  3.多媒体：辽代散乐演奏情景展示
- 第三节：游艺竞技 1.文物：5件 2.辅助展品：2件
  3.多媒体：辽代马球比赛动态图
- 第四节：天文星象 1.文物：4件 2.辅助展品：3件
  3.多媒体：宣化辽墓星空图展示
- 第五节：融会交流 1.文物：6件 2.辅助展品：4件
  3.多媒体：诵经图动态展示

3. 第三单元　草原画派——辽画遗珍寥星辰
- 第一节：皇家气象 1.文物：13件 2.辅助展品：5件
- 第二节：骑射卓歌 1.文物：9件 2.辅助展品：5件
  3.多媒体：《东丹王出行图》动态展示
- 第三节：出土辽画 1.文物：12件 2.辅助展品：2件

中国契丹辽博物馆 / 展陈内容分布 /

辽代历史文化陈列展厅　展陈内容分布

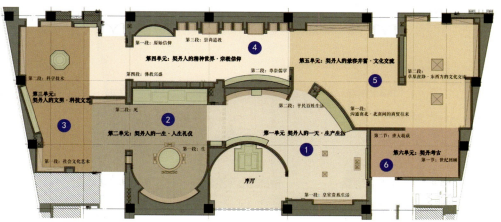

图4.2　展馆平面布局

中国契丹辽博物馆 / 展陈内容分布 /

太阳契丹陈列展厅　展陈内容分布

① 第一单元　契丹人的前世
第一节：追根溯源 1.文物：39件 2.辅助展品：8件
第二节：族源传说 1.文物：5件 2.辅助展品：4件 3.多媒体：契丹族起源的传说
第三节：八部联盟 1.文物：5件 2.辅助展品：6件
第四节：松漠故地 1.辅助展品：5件

② 第二单元　契丹人的盛世
第一节：建国初创 1.文物：25件 2.辅助展品：19件 3.场景复原：阿保机与唐使臣姚坤会晤
第二节：开疆拓土 1.文物：36件（3组）2.辅助展品：8件 3.场景复原：辽太宗收复幽云十六州
第三节：盛世之治 1.文物：39件（2组）2.辅助展品：15件 3.场景复原：辽圣宗时期澶渊之盟
第四节：皇后名臣 1.文物：18件 2.辅助展品：10件

② 第三单元　契丹人的治国
第一节：四时捺钵 1.文物：13件 2.辅助展品：4件
第二节：五京之制 1.文物：9件 2.辅助展品：10件 3.多媒体：四时捺钵 4.沙盘模型或电子地图：辽代五京
第三节：官分南北 1.文物：2件 2.辅助展品：3件

④ 第四单元　契丹人的交往
第一节：辽与五代十国、北宋、西夏之交往 1.文物：10件 2.辅助展品：5件
第二节：辽与东亚、西亚等之交往

⑤ 第五单元　契丹人的余脉
第一节：女真灭辽 1.文物：6件
第二节：短智北辽 1.辅助展品：5件
第三节：百年西辽 1.辅助展品：4件
第四节：后裔寻踪 1.辅助展品：3件

中国契丹辽博物馆 / 展陈内容分布 /

辽代佛塔艺术精品展厅　展陈内容分布

① 第一单元　法相庄严
第一节：楼阁砖塔 1.文物：13件 2.辅助展品：4件 3.模型：辽代楼阁塔模型 4.多媒体：庆州白塔上浮雕多媒体展示
第二节：密檐砖塔 1.模型：辽代密檐塔模型 2.辅助展品：5件 3.多媒体：辽中京大明塔八大菩萨浮雕动画展示
第三节：华式砖塔 1.文物：2件 2.模型：辽代华塔模型 3.多媒体：华严宗莲花藏世界佛教故事动画展示
第四节：复合砖塔 1.辅助展品：辽代复合塔立面构造示意图、辽宁喀左大城子塔浮雕展开图 2.模型：辽代复合塔模型
第五节：单檐砖塔 1.辅助展品：辽代单檐塔立面构造示意图
第六节：应县木塔 1.辅助展品：3件 2.模型：应县木塔模型 3.多媒体：登朝木塔三维立体感受效果

② 第二单元　佛国遗珍
第一节：佛陀圣象 1.文物：31件 2.辅助展品：3件 3.多媒体：玄奘西求佛法多媒体展示 4.展板文字：飞天
第二节：法器道具 1.文物：16件 2.辅助展品：3件 3.多媒体：佛教法会现场多媒体展示 4.展板文字：净瓶
第三节：佛之舍利 1.文物：7件 2.辅助展品：3件 3.多媒体：多层舍利塔三维动画演示 4.展板文字：辽上京南塔北塔图文
第四节：小型佛塔 1.文物：9件 2.辅助展品：5件 3.展板文字：十方佛、辽代密宗
第五节：佛经妙典 1.文物：15件 2.辅助展品：2件 3.展板文字：《妙法莲华经》《契丹藏》
第六节：七宝和合 1.文物：27件 2.辅助展品：庆州白塔文物出土图、佛教七宝文物配图

③ 第三单元　普渡众生
第一节：佛寺林立 1.文物：20件 2.辅助展品：5件 3.多媒体：真寂之寺石窟复原情景体验 4.展板文字：巴林左旗真寂寺、天津蓟县独乐寺、山西大同华严寺、辽宁义县奉国寺
第二节：佛法西来 1.文物：61件 2.辅助展品：5件 3.多媒体：鲤鱼跳龙门变摩羯故事 4.浮雕：庆州白塔胡人训狮图、胡人 5.展板文字：狮子经、摩羯纹迦陵频伽
第三节：世俗宗教 1.文物：29件 2.辅助展品：3件 3.展板文字：莲花纹、宝相花纹、联珠纹、宝珠纹

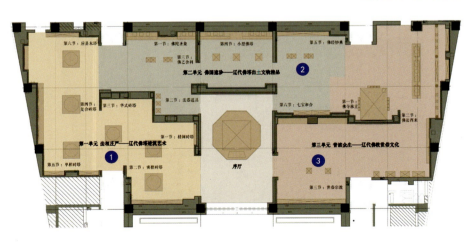

图 4.2　展馆平面布局（续）

第 4 章 博物馆展陈方案设计

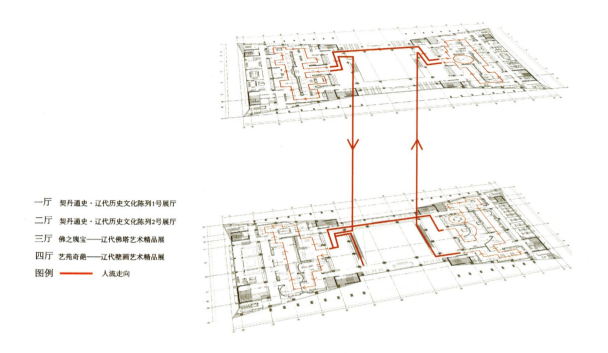

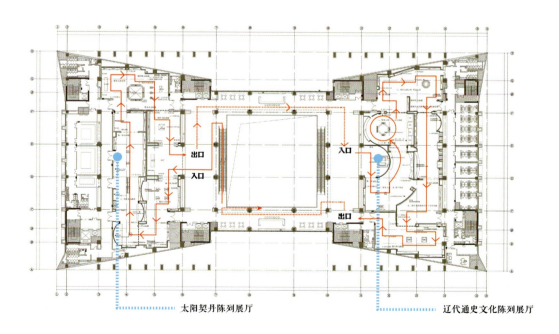

图 4.3 观展流线示例

三层展厅　流线图

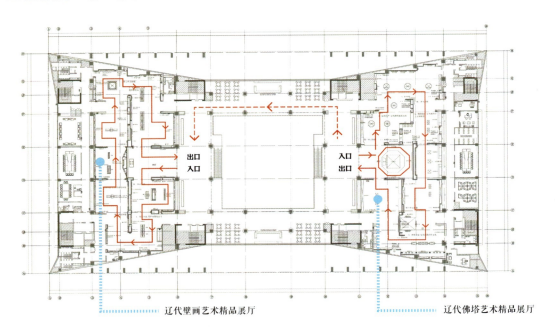

图 4.3　观展流线示例（续）

安排应力求主次分明、条理清楚。博物馆展线分为主展线和辅助展线。主展线应满足展陈内容的系统性、顺序性、灵活性的要求，辅助展线应与主展线相呼应。

4.2.2　展陈空间设计

大型博物馆的空间设计，依据其功能可以分为展馆外环境空间、博物馆展陈空间、辅助功能空间及室外展场等几大序列空间。

博物馆展陈空间设计，应是把博物馆的馆陈特色、展陈内容、主题精神予以揭示、彰显，使博物馆陈列空间、展品与环境共同构成一个具有显著特性的统一整体，并围绕展示主题，确立展具、照明、装饰、材料、工艺、表现媒体等设计要素。其中，空间分布、展线安排、场景设置、展品陈放、展具工艺、灯光效果、视频媒体、声光特效、图文展板、雕塑绘画、装修饰材等一系列设计要素决定着展陈效果的成败，如图 4.4 所示。

图 4.4 初始方案设计

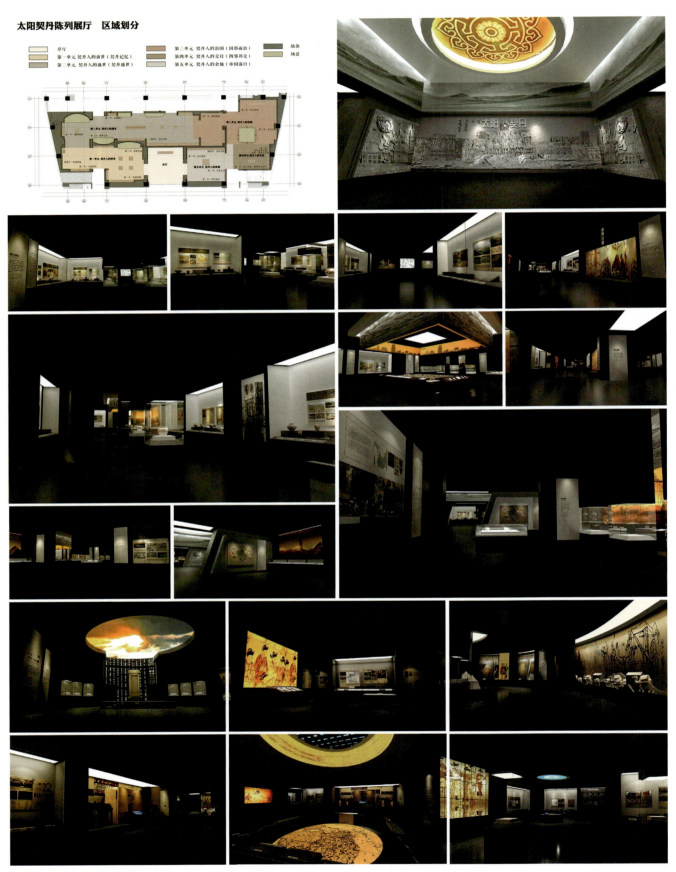

图 4.4 初始方案设计（续）

4.3 深化设计

4.3.1 方案深化设计

方案深化设计内容可分为基础工程设计、辅助展项设计、版式设计、展具设计、展品布置设计、展览照明设计、展陈智能化设计等。深化设计方案（图 4.5），一方面，需要对展馆平面分布、参观流线、空间的组织与构建形式等进行设计调整，对展陈空间、重点展区、展陈亮点与艺术场景空间进行细化设计，进一步把握和推敲其整体展陈设计效果；另一方面，需要对展具设施、展品布置、辅助展项、版式设计、展览照明、展陈智能化设计等主要内容进行深化设计。

在此设计阶段，应就方案设计的主题表达、展陈空间的设计创意、艺术场景的创作、展陈形式设计及高科技应用的可行性等与有关专家学者、创作者及科技人员进行深入的讨论，通过集思广益地交流，广泛征求各方面意见，使设计日趋完善和合理。

同时，设计中还需要与建筑、安防、水电、空调、预算及施工等专业技术人员就方案实施涉及的细部构造、照明设计、材料设计、工程造价、施工技术等相关专项设计问题进行沟通、衔接和配合。

深化设计方案文本内容一般包括：
（1）总体设计说明、设计方案说明。
（2）展陈大纲深化方案文本。
（3）功能空间组织与人流交通组织分析与设计（说明、分析图、面积分配表）。
（4）展陈流线设计及技术设计方案（分析图、效果图、动画、技术说明）。
（5）数字影像及技术方案设计（文本、分镜头、效果图、动画、技术说明）。
（6）方案深化设计效果图及扩展图。
（7）视觉传达系统设计。
（8）现有建筑的结构、水电、控制系统等设计方案(技术说明、施工图)。
（9）建筑环保及节能指标与方案（技术说明、计算指标）。
（10）设计工作计划及项目现场工作的措施、能力和条件的说明。
（11）其他需提供的说明和资料等。
（12）提交最终审定设计方案，并绘制施工图。

4.3.2 辅助展项设计

辅助展项包括多媒体展项及互动展项，以其双向传播方法使展览效果达到最佳，已成为最受观众喜爱的现代博物馆陈列方式（图 4.6）。多媒体展项设计，通过数字化技术手段对文字、数据、图形、图像、动画、声音等多种媒体信息进行综合处理和管理，使观众可以通过多种感官进行实时信息交互体验。

博物馆互动展项的主要类型有触摸屏、媒体视听播放装置、机械互动装置、网络互动装置、传统互动装置等。互动展项设计包含互动流程设计、互动装置设备设计、交互软件开发等。

互动展项的设计方案应该具有良好的互动性和富有感染力的视听效果。同时，其应用技术要相对成熟，具有较好的可操作性和稳定性，设备设施易于维护，具有较好的性价比。多媒体展项和互动展项制作应严格按照设计规定的要求进行制作，并能够保证正常使用和播放。

图 4.5 深化设计方案

图 4.5 深化设计方案（续）

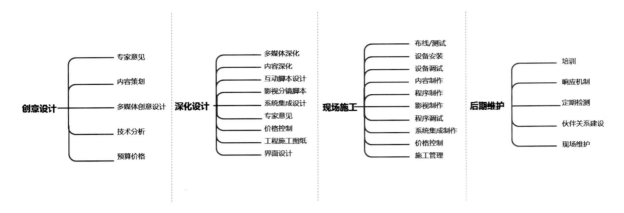

图 4.6 辅助展项设计

多媒体互动、艺术品创作、雕塑创作、沙盘、场景、电子设备等专项设计是由行业内的专业施工单位根据自身技术、经验、艺术品位等进行的专项设计和创作。

专项设计是在馆方和展陈设计的监督和指导下，由专项实施单位负责专项设计。专项设计主体为雕塑家、画家、工艺师、美术师、编剧、导演、多媒体软/硬件工程师等，有极强的专业性。专项设计多是在专项实施中不断完善的，如常见的雕塑基本都是边实施、边制作、边设计、边调整和完善的。

4.3.3 版式设计

一般版式设计要注意以下几点：
（1）版式设计要了解展陈主题、内容和馆陈属性，善于精选图片，减少过多的文字说明。版面编排要围绕展示内容主题，选取最有吸引力的部分，达到突出重点，引人注目的目的。

（2）为了吸引观众的观看兴趣，便于观众理解和记忆，要精心组织版面内容的顺序。展板设计要有统一的风格和版式，清晰的图文编排。

（3）要对总体展陈的内容进行分类，根据展线长度、布展内容的重要性和先后顺序，确定标题和图文展板的数量、区位安排，控制整体色调，形成流畅的布展节奏。

（4）熟知布展中所需要的图文资料和数量，以符合观众观览习惯的版式对其进行总体编排。同时，设计中需考虑版式的整体表现风格和制作工艺，考虑不同层面的参观群体的需求。

展品、图片、文字的陈列展示，要从人体工程学的角度，充分考虑视觉生理在视力、视野、视角、视距、视觉容量、视觉感知度等方面的舒适要求。

一般展厅立面展陈区域应控制在 4m 以下，4m 以上的展墙做常规装修设计；立面展板视域控制高度范围在 800～3000mm；图文展板视域控制高度范围在 1100～2200mm；与立面展板组合的陈列展台或展柜适宜高度在 800～1200mm。

版面的尺寸、主要内容，文字的字体、字号，图片的大小、版面位置及制作材料等都应当在设计图纸中明确标出（图 4.7）。

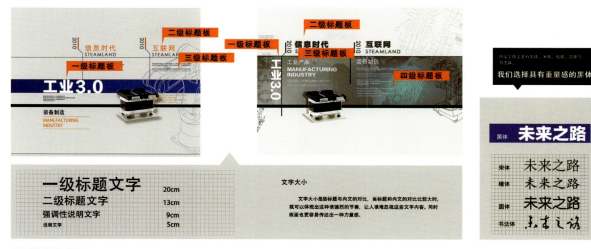

展览内容设计 以视觉层级划分信息层级

视觉层级分析：

此展厅视觉设计信息层级：主标题核心文字是第一视觉层级；说明文字内容是第二视觉层级；带视觉元素的主要图像是第三视觉层级；底纹与图形是第四视觉层级。此展板视觉以非常规美学构成规律来完成设计，主要是利用版式在混沌中营造一种秩序。

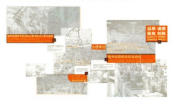

图 4.7 版式设计

4.3.4 展陈智能化设计

1. 展陈工程的信息化应用系统设计

（1）多媒体触摸屏，用于信息显示和信息查询。
（2）语音导览系统，支持数码点播或自动感应播放的功能。
（3）数字化网站和声讯服务系统。
（4）对声、光、电实施智能化的分区域就地控制及中央集中控制的展览控制系统。
（5）通信网络系统和无线局域网络系统。

2. 视听系统智能化设计

展陈工程内部视听系统应具备连续播放、循环播放、分区域播放和预置定时播放功能。综合音视频系统应考虑相邻及周边环境声音的衰减，音响应扩散性良好、声场分布均匀、响度合适、自然度好，避免声音串扰。广播系统与火灾应急广播系统合用时，应符合火灾应急广播的要求，避免交叉干扰。发生火灾时，广播系统应强制转入火灾应急广播状态。

3. 展馆公共安全系统设计

火灾自动报警系统、入侵报警系统等安防系统的监控应能适应布展设计、展览功能调整的需要，观众主入口处宜设置防爆安检和体温探测装置，各陈列展览区入口宜设置客流分析系统。

4.4 施工图设计

设计方案通过评审、定案后，设计单位需绘制提交装修、配电、空调、安防等全套技术性施工图纸，作为施工制作的设计蓝图。施工图设计由总设计师向各专业设计师进行交底，各专业设计师应充分理解陈列展览的设计成果。

布展施工图的设计，应符合现行《建筑工程设计文件编制深度规定（2016年版）》的有关规定，满足物资采购、施工布展和展览制作的要求。对采用新技术、新材料和新工艺的设计应有详细说明和注意事项。特殊展具和辅助展项造型的施工图设计在平面、立面均表达不清的部位，应绘制局部剖面、大样图或节点详图。

4.4.1 布展施工图

布展施工图（图4.8）设计包括展陈项目的基础工程施工图设计，展具、辅助展项、版式、展品布置、展览照明、展陈智能化施工图设计，如展墙结构、标题展板示意图，连壁柜结构、文献上墙处理示意图，展柜开启及灯具示意图，柜托及文物固定卡具示意图等。

4.4.2 安装工程施工设计

安装工程施工设计包括消防、安防、给排水、供暖、通风与空气调节、建筑电气、建筑智能化等的设计。

4.4.3 施工图设计要求

（1）设计内容应包括各子系统的功能要求、系统组成、系统结构、设计原则、系统的主要性能指标及机房位置。
（2）系统图应表达系统结构、主要设备的数量和类型、设备之间的连接方式、线缆类型及规格、图例。
（3）平面图应包括设备位置、线缆数量、线缆管槽路由、线型、管槽规格、敷设方式、图例。
（4）各系统的施工要求和注意事项，与相关专业的技术接口要求及专业分工界面说明。

第 4 章 博物馆展陈方案设计 / 067

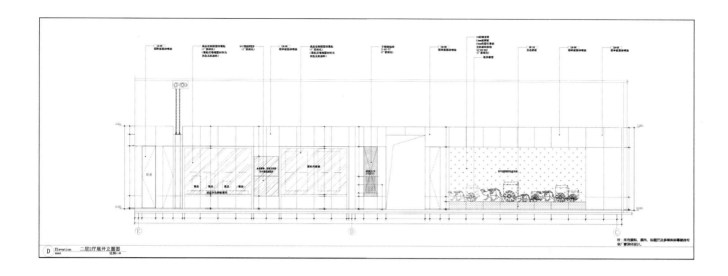

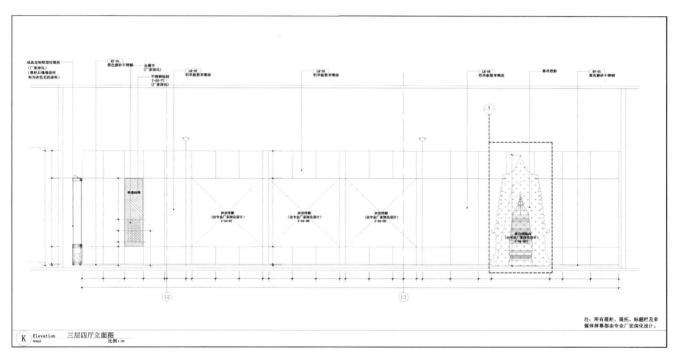

图 4.8 布展施工图

第 5 章
博物馆展陈项目施工与布展

博物馆展陈项目施工与布展是一项复杂的系统工程，一般由专业性很强的展览施工企业和专业制作团队承接。其可以分为几大部分：展馆空间的基础装修施工，消防、安防、空调、电气等安装工程施工，以及展览照明、展陈智能化施工；图文展板，文物、展品的陈列布展，以及展具设施、体验场景空间、多媒体展项、视频影像的制作安装等；布展施工后期的设备调试、展陈效果的调整及运营维护。

5.1 展陈项目工程施工与组织

承担展陈项目工程设计、施工和展览制作的单位需具备相应的从业资质。展陈工程宜采用设计与施工一体化方式，施工进场前应明确施工工艺流程及相关技术措施，并进行现场测量放线、复核验收。展陈工程的竣工验收、交付与维保应符合现行国家和行业有关标准的规定。

在展陈项目的施工阶段，需就设计施工图纸向施工部门进行技术交底，对施工制作过程中出现的问题进行设计调整和变更。在施工制作的最后安装和调试阶段，设计师应当到现场配合施工单位就照明效果、展陈效果等进行最后的调试和润饰，最大限度地达到设计的预想效果，具体内容如下：

(1) 施工质量保障措施。
(2) 施工进度计划书。
(3) 施工人员配备。
(4) 施工机电、设备配置及技术保障。
(5) 施工现场安保、消防措施及预案。
(6) 施工期间的文物安全保证。

5.2 展馆空间基础工程施工

展陈空间装饰装修工程涉及建筑主体和承重结构变动时，要在施工前委托原结构设计单位或具有相应资质条件的设计单位提出设计方案，或者由检测鉴定单位对建筑结构的安全性进行鉴定。不得未经原建筑设计单位确认和有关部门批准擅自拆改水、暖、电、燃气、通信等配套设施。

5.2.1 装饰装修材料

装饰装修材料要求进行防火、防潮、防腐、防虫、防蚀和防菌消毒等处理，宜采用绿色生态、环保可循环利用、可快速再生、易清洁的材料，并满足吸声、降噪、防滑、防腐蚀、防震动等要求。所有材料进场时应对其品种、规格、外观和尺寸进行验收；进场后需要进行复验的材料应按规定进行复验，复验合格后方可使用。

顶棚应采用 A 级防火材料，墙面应采用不低于 B 级的防火材料，地面应采用防静电、防尘不低于 B1 级的防火材料。

5.2.2 基础工程施工

装饰装修施工包括展墙、地面、吊顶、玻璃、饰面板和饰面砖、涂饰、裱糊、护栏和扶手制作与安装项目内容。

1. 展墙施工
展墙骨架构造和固定方法应牢固可靠。当展墙连续超过 6m 时，宜做变形伸缩缝处理，并应满足设计结构和现场布展的要求。墙中的孔洞、槽、盒、布线等应安装位置正确、套割吻合、边缘整齐。

2. 地面工程施工
地面工程施工前，需集中布置安装埋置于地面内的管线和预埋件，地面防水项目及地漏等相应工程验收合格后方可进行地面施工。

3. 吊顶工程施工

（1）施工前应进行现场复核图纸等施工准备工作，根据设计图纸在结构顶板及四周墙体上定出吊点位置和展示设备吊点控制线。

（2）吊顶面板上的灯具、烟感器、喷淋头、风口箅子和检修口等设备设施的位置应合理美观，与面板的交接应吻合严密。吊顶材料应稳固防风、可拆卸、易维保、便于顶面设备的检修。裸装或半裸装结构吊顶天棚内的综合管线设备宜采用防潮、防霉、吸音的黑色或深灰色涂料涂刷。

4. 饰面板和饰面砖工程施工

（1）饰面板和饰面砖安装与粘贴必须牢固，外露的边角等工件应采用倒角、磨光和抛光处理工艺。

（2）饰面板和饰面砖工程的防震缝、伸缩缝、沉降缝等部位的处理应保证缝的使用功能和饰面的完整性。

博物馆装饰装修施工及其效果示例如图5.1所示。

图5.1　博物馆装饰装修及其效果示例

5.3 陈列布展与展览制作

展具设施、展板及场景的展览制作宜采用新工艺、新技术，工厂化生产模式，要确保建筑结构使用和运行安全。展具设计和制作的尺寸应易于制作、运输和现场组装。

现场布展宜采用装配式施工模式，依照国家现行相关规范标准和设计的要求进行布展。

展墙、展壁、展板是博物馆陈列的基础设备，其主要功能是安置悬挂展品，结合总体布局，对展厅内部空间进行分隔，从而有效增加展示面积，并对观众的参观路线做出指引。

5.3.1 展板制作要求

（1）图文展板造型、尺寸、安装位置应满足方案设计要求。

（2）展板材料的材质、规格、性能、有害物质限量，以及木材的燃烧性能等级和含水率，应符合设计要求及国家现行标准的有关规定。

（3）展板的安装结构设计和固定方法应牢固，满足现场布展挂装和维护的要求。

（4）符合人体工程学要求，尽量满足所有类型观众的观展需求，如有效内容高度范围、字体大小、说明牌角度等。

展板制作涉及的印刷及装裱工艺主要有激光刻绘、喷绘打印、丝网印、VJ印刷技术，以及图板的冷裱、热裱等工艺技术。

5.3.2 现场布展

现场布展是在展馆基础工程施工结束，并验收合格后进行，布展现场应具备安全和洁净的布展条件。文物类展品和图文展板的陈列布展，需依展馆空间环境、展览陈列内容的要求、文物类展品自身的特征和价值，制定相应的展示陈列方式，合理布设展具、辅助展项和展品的点位，需将重要的文物展品和展览内容放在最利于观察的位置，避免冲突和遮挡。

展品与标牌的摆放位置、角度、视觉范围应考虑人的视平线高度、视觉尺度和视觉观览习惯，符合人体工程学要求（图5.2）。

图5.2 陈列布展

5.4 场景艺术工程制作

5.4.1 大型复合场景的制作

对于大型复合场景的制作，一般的设计图纸常常难以表述完整，制作过程中常常需要设计师的现场指导，一些艺术效果有待于设计师、艺术创作者在制作的过程中予以完善和深化。

5.4.2 艺术作品及模型和沙盘的创作与设计制作

确定绘画、雕塑等艺术作品和模型沙盘的创作团队。创作团队应依布展方案设计要求和创作主题，收集有关创作素材及资料，创作小稿或雕塑小泥稿，制作小稿模型。创作稿及设计模型小稿经专家论证审定后，方可进行最终作品的制作加工、现场绘制和进场安装，直至专项验收合格（图5.3）。

5.4.3 半景画创作

利用半景画等综合艺术创造出的大型场景景观、置景艺术可将有限的展陈室内空间拓展为深远的视觉空间。

如何将历史的真实场景再现、还原并提升至艺术层次，创作人员需要收集大量的相关历史资料，如书籍、回忆录、地图、图片等作为创作素材，还应深入历史事件发生的现场，进行实地的深入考察，寻觅形象和感受，观察实地的历史残存遗痕，经过艺术的提炼和加工，使作品中的每一个细节都经得起历史的考证（图5.4）。

图 5.3 艺术作品及模型和沙盘的创作与设计制作

5.4.4 场景设计制作

场景设计制作（图5.5）的注意事项如下：

（1）基于场景布展建筑空间，确定场景设计的可行性；深入研究重点展示内容，广泛收集创作素材及学术资料，明晰场景艺术设计构思，实现最佳的展示传播效果；确定场景最佳展现方法和表现方式。

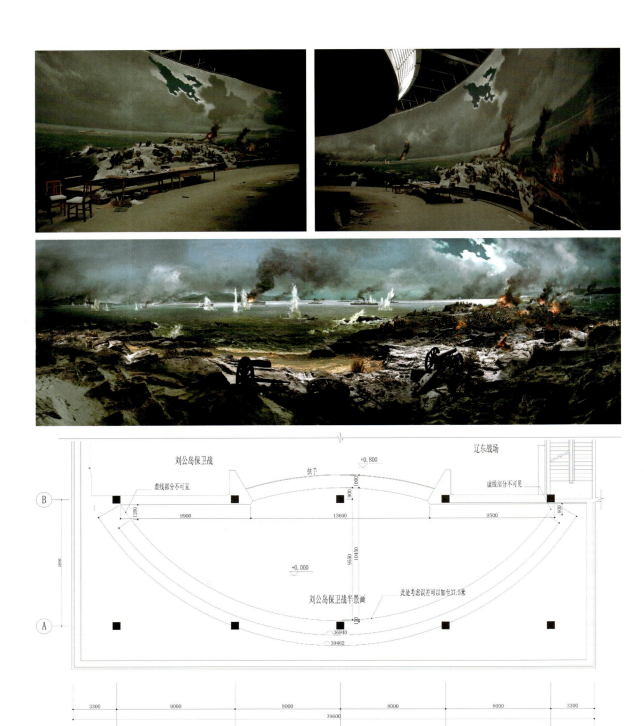

图 5.4 半景画创作

（2）场景、沙盘、模型、雕塑、创作画的场外制作和艺术创作，应依据建设单位确认的设计文件、绘画小稿、模型进行加工，制作过程中的关键工序或节点应经原创设计者确认后方可进入下一道制作工序。

（3）对于大型复合场景的制作，一般的设计图纸常常难以表述完整，制作过程中需要设

图5.5 场景设计制作

计师的现场指导，一些艺术效果，有待于设计师、艺术创作者在制作的过程中予以完善和深化。

（4）对场景环境及空间气氛进行烘托是场景灯光设计的重点。场景空间的光效控制以营造足够的空间感和场景所需要的具体特效为准则，设计多采用水平照明和垂直照明两种手段相结合，可以使用多个感应器，根据观众的位置来变化场景照明。

5.4.5　景箱制作

博物馆中的封闭式景箱只供一个方向观看，景箱内部可以设置各种场景，常常用于还原和再现某个瞬间的真实景象，使展品呈现于一个"真实"的环境中。景箱的一般高度为180～250cm，深度为90～150cm，长度可根据实际需要确定，布景箱的背部和顶部两侧应设计成弧形，以营造空间深远的感觉。为保证布景的真实效果，大型布景箱的深度至少应为宽度的1/2，在照明的设计上也应有所侧重，以突出展品的效果。

5.5 展陈效果的调整与评估

展陈效果的调整（图5.6）及运营维护主要包括施工中的展陈效果的调整与调试，试运营阶段和运营中的局部效果的调整，以及设备维护。

图5.6 展陈效果的调整（续）

图5.6 展陈效果的调整

展示效果评估是贯穿于展示设计和施工全过程的动态跟踪评估。设计方案及实施后的效果评估，有利于对设计及施工中存在的问题和不足进行及时调整和完善，为将来同类型的展陈项目的设计和施工提供有益指导并积累经验。

博物馆观众评估是一项围绕"博物馆与观众"的研究活动。其研究内容包括目标观众的定位、观众动机、观众心理等,以便对博物馆的学习环境做出综合性的评价。

评估指标即能够反映观众个人信息、参观行为、满意程度等的具体数值。它是衡量和监测博物馆展览业务工作,揭示博物馆展览、服务及其他工作中薄弱环节的重要量化手段。

第 6 章
项目设计实例解析

目前，国内博物馆展陈设计方案的征集、筛选和确定，主要有设计招标、设计竞赛、委托设计等形式。

本章所选设计实践案例为近几年完成的展馆陈列布展概念设计方案和实施方案项目，通过对案例设计方案、设计实践体会、项目实施流程的评述、讲评、观摩，解析专业理论知识在设计实践中的运用；并结合设计考察中拍摄的大量设计资料、记录工程项目设计与各阶段的图文资料、施工现场照片，让读者更直观、全面地了解一个实际项目的设计及实施流程，掌握相关专业设计技能及施工技术和管理知识。

项目设计实例一：克拉玛依科博馆展陈概念方案设计

设计项目概况

克拉玛依科技博物展览馆占地面积为25400㎡，总建筑面积为61000㎡，是集科技、博物、城市发展规划展览，融展示与参与、科普与教育、合作与交流、休闲与旅游于一体的大型综合性展馆。

在对展馆建筑空间进行实地勘察的基础上，基于对布展大纲的精研解读，并考虑到实物展品多以大型设备为主，设计将围绕"打造世界石油城"的展陈主题，展开直观、形象、生动的陈列叙事。

设计思路

立足于克拉玛依在中华人民共和国工业发展进程中的历史地位和非凡的城市历史，克拉玛依博物馆将追溯克拉玛依半个世纪的跌宕与伟绩，真实展现了一段"因油兴城"的激扬历史、一股垂范中国的石油精神、一场蔚然蓬勃的文化盛宴、一个影响世界的城市梦想……让观众真切地感受这段史迹，触摸她的神圣。

展陈设计以明确的功能定位、丰富的展陈内容、创意的展示手段展开克拉玛依科技博物展览馆的创意设计。为了更完美地表现内容，更契合当代人的观展感受与审美需求，展陈设计将通过适度运用新媒体技术和艺术展陈手段来诠释内容。本项目的设计主旨如下：

（1）主题为纲，文物为体。
（2）前瞻设计，整体创意。
（2）手段新颖，艺术氛围。
（4）人/物互动，触发五感。
（5）强化中心，组合陈列。
（6）适配建筑，拓延空间。
（7）低碳节能，环保理念。

1. 地理资源展厅——地球之谜、恐龙世纪

设计考虑了展陈内容与博物馆建筑特点的适配性，充分利用现有建筑的"斜梁"结构和开放

高敞的空间特性。运用场景化置景、实体展品与数字媒体影像的"虚实结合",将宏观的地史演化、新疆的地质地貌资源及克拉玛依的石油资源与石油城等展陈内容在有限的展陈空间中予以延伸。大型史前生态场景设计契合本厅40m层高,整体空间高阔、开放、狭长的特点。展厅基调以现有建筑空间的自然光源为主基调,呼应原始地质与史前丛林的生态自然情境,渐入式的场景设计,强化了观众的情境进入感。

2. 石油设备展厅——地宫之器、亮剑技艺

石油设备展厅的主题是"给设备一个家",通过石油设备文物、实物,展示石油勘探、开发产业链的全过程,反映油田变迁、生产力变迁和城市变迁的轨迹。"以物带史",使观众通过完整、系统的石油设备陈列,了解我国石油工业从无到有、从弱到强的艰辛发展历程,见证克拉玛依石油产业的起步和腾飞。

序厅

提取石油开采的设备构件作为设计元素,设计

以仰视视点的空间效果来强化"地宫"概念。

勘探展区
提取"沙丘"元素，作为地台和吊顶的造型，展现石油勘探设备从简陋到现代高精尖的进程，适当利用悬挂展板，展现与设备相关的历史图片。

钻井展区
以巨大的钻杆、井架造型作为空间构建元素，完成勘探向钻井空间序列的导入。通过大型沙盘复制完整井场，让观众能清晰地看到钻井全貌。

试油展区
试油展区主要诠释了"管中窥宝定乾坤"。

开采展区
选取通过撷取磕头机设备的局部作为展台造型，将展品与展览空间一体化，以穿越式渐入式的展陈手法，让观众瞬间进入一个大油田展场，穿梭在高大的磕头机下，强化临场感。

集输展区
提取石油管道作为空间设计元素,其线形的空间形态构成,与前面展区的大体块构成,形成对比关系。

炼化展区
重点展现克拉玛依炼化厂的工艺流程与控制系统,利用灯箱与动态沙盘模型,强调参与性、互动性。

展陈亮点
石油设备展区的展陈亮点是集输站的大型模型。

3. 石油文化展厅——民族瑰宝、文化传承

石油文化展厅以克拉玛依50年来的文化脉络为线索，让观众感受克拉玛依城市文化底蕴的深厚积淀与蓬勃生机。

序厅
文化是一个城市永恒的根，克拉玛依是一部石油精神长卷，也是一部在戈壁中用血汗书写的文化巨著。序厅中的书册造型与顶部的"散射波"形态，寓意文化横向的辐射传播及纵向的永续传承。

波造型，回荡着当年震撼历史的"回声"；巨大的胶片造型墙，与影片片段，以强大的视觉冲击力，展现"影像对石油生活的改变"。

油城水节，精彩十年
将巨大通透的水流造型，从地面湾流延伸到天空，让整个展陈空间具有一种神秘、惊喜、振奋的动感；巨大双手擎起的造型，体现了克拉玛依人对水的渴望与依恋；水流造型的屏幕上投影的是"百笑图"。

传媒力量，文明履迹相承
阵列式的报纸陈列、重大历史事件的报道及等比复原的"号外"，展现克拉玛依曾经的"激情抒写，光辉岁月"；而巨大的声

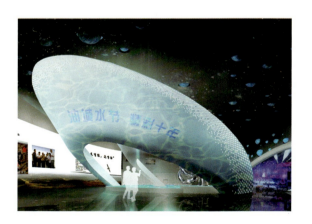

非遗文化，百花齐放克城
提取地域文化符号、纹样，重点展陈木卡姆艺术等；并将这些艺术融入新疆特色的场景中，让人们感受到新疆文化为世界带来的感动。

项目设计实例二：中国人民革命军事博物馆导弹武器装备技术展厅方案设计

回溯历史，展梦未来
运用数字媒体技术手段展现克拉玛依以中国最具魅力的"世界石油城"。

绝大多数在校学生欠缺参与实际项目技术展厅设计和布展施工的历练，对施工工艺技术的了解较少。本节以中国人民革命军事博物馆导弹武器装备技术展厅的设计与施工项目为例，通过方案设计文本、收集和拍摄的部分现场施工图片资料等，讲解展厅设计和布展施工的整个过程。

设计项目概述

中国人民革命军事博物馆导弹武器装备技术展厅位于中国人民革命军事博物馆二层北侧，是我国首个对外公开并集中展示本国导弹武器装备的专题展厅。展厅分为"论剑苍穹""利剑受阅""神剑揭秘""神勇之剑""神奇之剑""神威之剑""铸剑春秋"等展区，对导弹科普知识、导弹装备技术和47枚导弹实物模型进行全面系统的展示，展现了我国导弹工业从无到有、从有到强的发展历程和国防军事科技的前沿力量。同时，通过对航天记忆、三线建设和以"导弹之父"钱学森为代表的17位科学家的研发研制事迹的展示及介绍，进一步弘扬航科人为国奉献的航天精神。

陈设布展内容

展厅布展面积1600m²，净高6.5m。展陈主题是"国之重器、神剑扬威"。

设计思路

设计围绕导弹武器装备技术展厅的9个展陈专题，选择与之相适宜的展陈手段和形式，通过对展览内容的合理空间分布及展览形式的艺术创意设计，突显军事类科普馆的特色，为导弹装备陈列创造一个适宜的展示空间，并赋予其厚重的人文内涵。

设计过程中，基于现代观众的互动体验需求，合理且适度地运用现代高科技技术和数字媒体展示手段，将抽象且深奥的展示内容更直观地展现出来，使观众易于接受和解读。

利用互动展项与展陈亮点展区的设计，全面调动观众的参与性，创造多元化且多维度的观展体验，让观众更有兴趣地接受导弹知识和航天文化。

基于高科技技术应用的可行性及施工工艺技术的合理性来展开方案的创意设计。在展陈形式设计中，将人与武器装备展品的"对话沟通""心灵感动""行为互动"纳入设计范畴，通过视觉、听觉、触觉、嗅觉等多重感官，让武器装备及展品与观众形成对话，让观众真正感受到导弹武器装备厅"非凡的心灵旅程"。

武器装备的陈列着重考虑整个空间视觉的开放性、与大型武器装备及设备展品的协调关系。

展厅建筑空间 EXHIBITION HALL BUILDING SPACE

1. 博物馆平面布局

展区分布及流线如下所示。

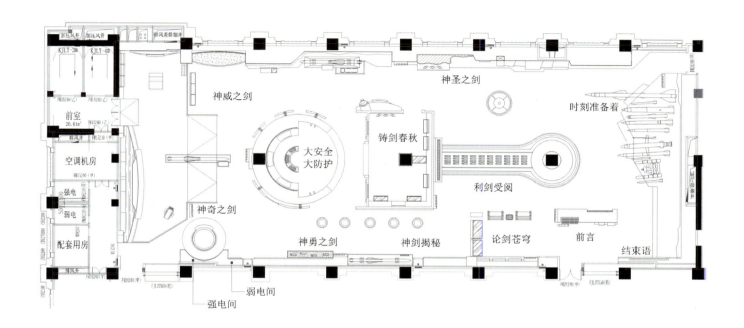

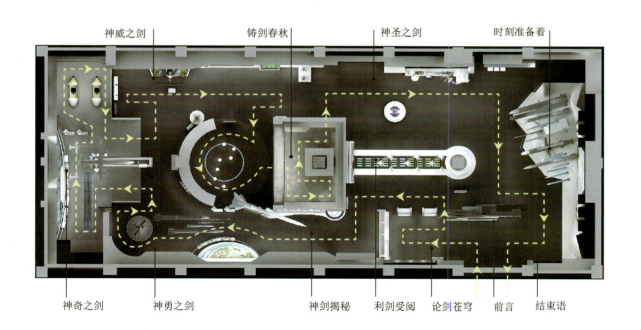

2. 展陈方案设计

序厅
序厅主要体现国之重器、神剑扬威。

一展区　论剑苍穹
"论剑苍穹"展区主要以图文、视频的形式，展示中国导弹专家访谈与导弹研制历程，展陈研发日志、手稿复制品等，并在环境氛围设计上加强历史厚重感、时代感，挖掘人文故事，以航天开拓者的"航天精神"，感染观众，触动观众内心，激发共鸣。

二展区　利剑受阅
"利剑受阅"展区展示制作重现"9·3"阅兵的导弹装备方阵模型，依次讲解各种型号的导弹；营造"9·3"阅兵恢宏激昂的展陈氛围，增强民族自信心和自豪感。

三展区　神剑揭秘
"神剑揭秘"展区重点介绍导弹构成原理的科普知识。

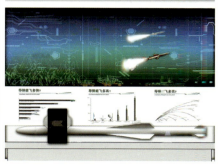

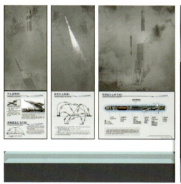
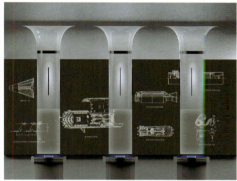

四展区　神勇之剑

"神勇之剑"展区展示防空导弹武器系统及装备。

五展区　神奇之剑

"神奇之剑"展区展示用于海防的飞航导弹武器系统，展区营造与海防体系相吻合的环境氛围，以形似导弹驱逐舰的展台设计，承载飞航导弹武器装备，辅以"人在回路""景象匹配"等互动展项，令观众有身临其境的体验。

六展区　神威之剑

"神威之剑"展区展示具有强大威慑力的地地导弹。该展区以5种平台发射模式互动沙盘为重点展项。

互动展项为大安全、大防务——构筑国家防务安全基石。

七展区　铸剑春秋

"铸剑春秋"展区展示三线航天建设——艰苦创业的岁月，中华民族的脊梁。

八展区　神圣之剑

"神圣之剑"展区主要传承航天精神，展示军民融合的创新成果。

九展区　导弹弹阵

"导弹弹阵"主要在于诠释了时刻准备着。

3. 施工与布展

4. 实施效果

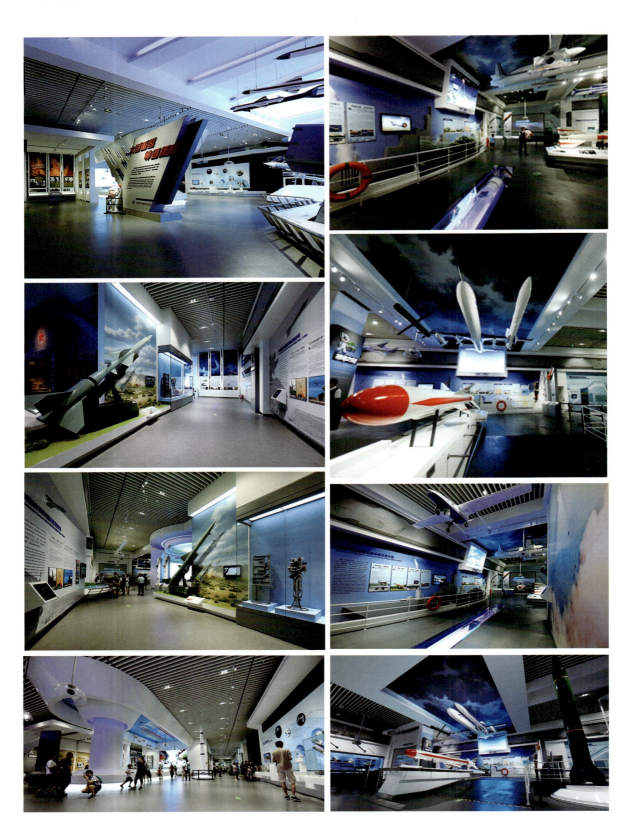

项目设计实例三：奥帆博物馆展陈方案设计

设计项目概述
奥帆博物馆位于青岛2008奥帆赛举办场地——奥帆中心，是以展示奥运会帆船赛为主题的大型专题博物馆，展馆建筑面积为9359.8m^2。

设计思路
奥帆博物馆展陈设计运用现代展示陈列手段，以大量实物、图文资料向公众全面展示奥帆赛及奥帆文化。

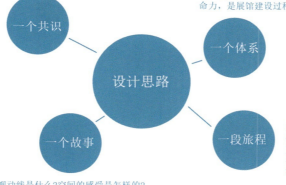

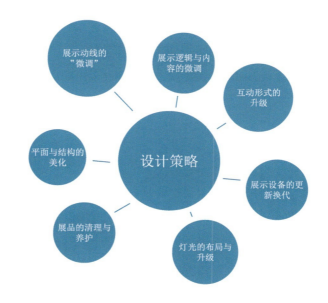

1. 展陈方案设计

展陈主题与内容框架

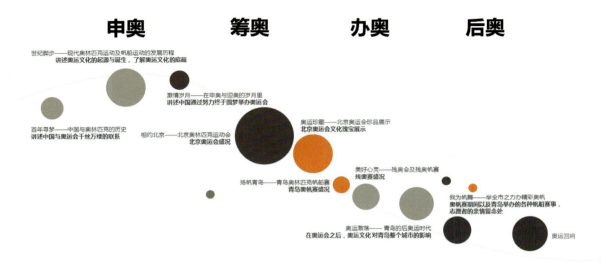

展区分布

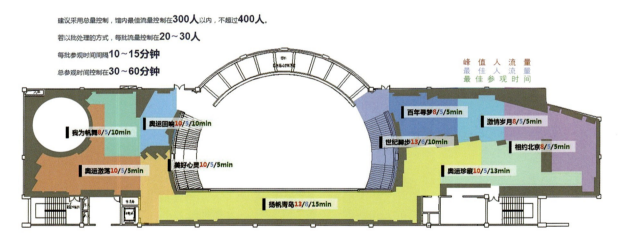

观展流线

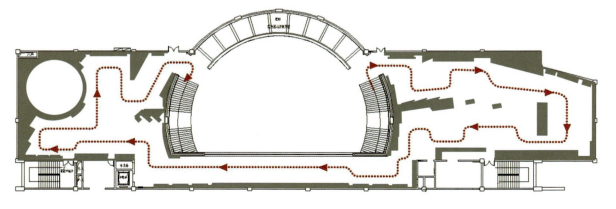

2. 展陈空间设计及实施效果

世纪脚步——百年寻梦

展示内容：现代奥林匹克及帆船运动的发展历程；中国与奥林匹克运动的历史渊源。

展示形式：图文展板加实物陈列。

激情岁月——申奥与迎奥的岁月里

展示内容：北京申奥和青岛申请奥帆赛事的过程。

展示形式：图文展板、多媒体电视及实物陈列。

展项说明：通过申奥与迎奥板块展现中国成功举办奥运会及青岛举办奥帆赛的来之不易。

相约北京——2008年北京奥运会

展示内容：2008年北京奥运会盛况及火炬传递的场景。

展示形式：图文展板、多媒体电视、实物陈列及部分造景。

展项说明：展示北京筹办奥运会的盛况，回顾当时的盛典，了解火炬传递的过程，并且用实景造景展示第一次海上传递火炬的盛况。

扬帆青岛——青岛奥林匹克帆船赛

展示形式：挂饰沙盘。

重点展项：青岛奥帆中心沙盘；通过数字化投影展示奥帆中心的一年四季；通过二维码扫描可以得知奥帆中心的详细内容。

多媒体展项：通过一个多媒体展示长廊展现青岛奥帆赛的赛事概况，了解与奥帆赛事相关的信息。

奥运珍藏——2008年北京奥运会

展示形式：采用图文展板、多媒体展播及实物陈列，集中展示北京奥运会的实物展品和各种纪念礼品等展物。

美好心灵——残奥会及残奥帆赛

展示内容：展示残奥赛的详细内容、具体的得奖情况及残奥帆赛的比赛情况。

奥运激荡——青岛的后奥运时代

展示内容：青岛在后奥运时代的发展情况。

展项说明：展示青岛在后奥运时代的发展情况，后奥运时代给青岛旅游带来的变化，在奥帆赛之后青岛举办的重大帆船赛事等内容。

我为帆舞——奥帆赛志愿者风采

奥运回响——青岛奥帆风采录

博物馆共享大厅

项目设计实例四：大连金州博物馆展陈改造方案设计

设计项目概况
金州博物馆展陈改造设计项目建设地点位于大连市金州区，博物馆陈列布展设计面积约 3300m^2，设计内容包括博物馆前厅、序厅、历史上的金州城专题陈列展厅、金州简史基本陈列展厅及博物馆辅助空间设计。

项目定位
（1）一座展示金州悠久历史、辉煌文明、灿烂文化、淳朴民风、和谐人文、民俗风情的综合性博物馆。

（2）一处集展览、收藏、学术研究、文化交流、旅游观光为一体的综合性文化场所。

设计思路
博物馆改造的总体设计思路为"以物说史、观众为本、体现特色"。

展陈设计围绕金州地方历史脉络展开，以金州博物馆馆藏文物为中心，通过新颖独特的创意构思，丰富多样的展陈形式，凸显金州地方文物的特色与内涵，力争多角度、全方位反映历史上金州地区经济、政治、军事、文化史实，展现金州历史文化的积淀与厚重。

本项目依据建设方提供的陈列布展大纲、设计图纸，对原博物馆展陈空间的现场勘察、勘测结果，并依据相应的国家标准和专业技术规范进行设计。

设计调研
在深入解读和研究了金州博物馆展陈大纲内容之后，通过对博物馆展出的文物展品及展陈空间建筑结构的现场考察和实地勘测，我们发现博物馆的功能布局不合理、观展流线不顺畅，需对其功能布局、观展流线进行调整设计。

一层的历史上的金州城专题陈列展厅空间整体布局和金州古城沙盘模型区位相对合理，商铺民居场景展区及其文物陈列需进行整合性设计。考虑到天后宫建筑构件文物重新拆装会造成文物的损毁，本次改造设计不宜拆移。

二、三层的金州简史基本陈列展厅的展陈形式及手段单一、落后，依据陈列布展大纲对其展陈空间进行改造提升是本次展陈设计的重点。

博物馆建筑结构层高对布展有一定的制约，原博物馆格栅吊顶距地面 3～4m，设计中可局部利用的建筑层高为 4.2m。

设计策略
（1）依据各展厅的展陈主题及内容，选择与之相适宜的展陈手段，通过合理的空间布局以及艺术化的设计，为陈列展品创造一个最适宜的展示空间。

（2）布展设计突出重点，以点带面，通过对亮点、重点展项的精心设计，使展陈内容在整体空间序列上形成有张有弛的观展节奏。

（3）恰当提取地域文化符号，体现金州博物馆应有的地方特色，彰显其深厚的历史文化积淀。

（4）适度运用雕塑、场景绘画、数字媒体等艺术展陈手段和新媒体技术，增强展陈效果，营造浓郁的展陈氛围。

1. 博物馆平面布局

一层：前厅、序厅、历史上的金州城专题陈列展厅。

二、三层：金州简史基本陈列展厅。

四层：金州博物馆馆藏书画专题展厅、临时展厅。

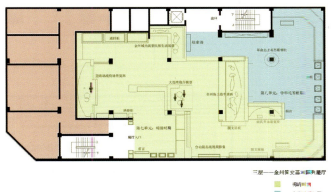

2. 观展流线

由于历史博物馆的展陈内容具有很强的内在关联性，一方面，通过合理、顺畅、便捷的观展流线设计来引导观众的观展活动；另一方面，对参观路线和员工路线进行了分离设计，但受建筑结构制约，部分楼道将出现游客与员工共用通道。

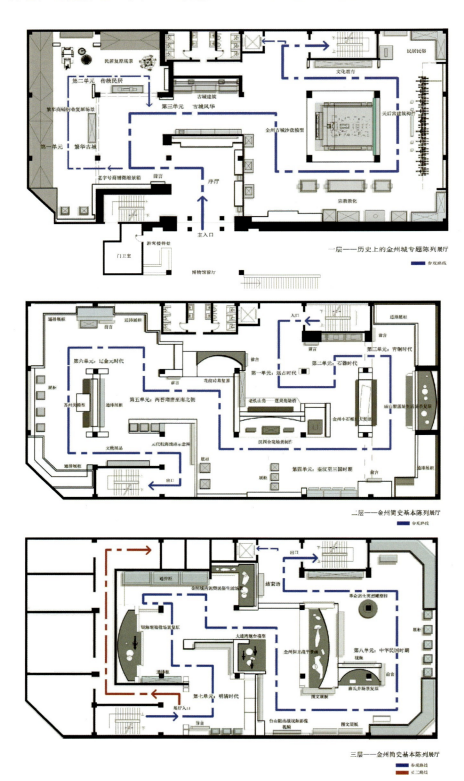

3. 展陈方案设计

基于对陈列布展内容的响应,对布展大纲中的亮点及重点展项和场景进行了创意设计。

历史上的金州城专题陈列展厅

本展厅分为金州古城商铺民居复原场景展区、金州古城沙盘模型展区两大展陈空间。运用叙事性设计理念，将陈列大纲中的第一单元繁华古城和第二单元传统民居两大主题内容融入大型沉浸式复合场景中，将文物展品结合场景展示。

第一单元　繁华古城

（1）繁华商铺街巷复原场景。

通过对原博物馆已有的商铺置景、陈列展品的整合设计，营造观众可介入式的商铺街区和民居院落，同时利用大幅背景画、牌楼造型、仿真人物塑像、吊顶光膜的天空处理等艺术展陈手段，将有限的展区进行视觉延展，将传统静态的复原场景转换为动态的情景体验场景，在有限的布展空间中营造出大意境的情景再现场景。

(2) 老字号商铺微缩景箱。

将曹氏驴肉火烧、康德记大药房、益昌凝糕点等百姓至今耳熟能详的老字号纳入其中,重现金州古城商业街繁华的景象和氛围。同时,利用耳麦音效让观众倾听过去带有地域方言特色的市井吆喝声,以此把观众带入繁华古城商铺实景复原场景中。

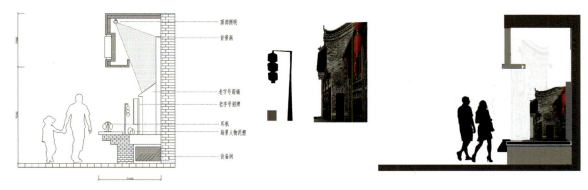

第二单元　传统民居

民居复原场景。通过对原博物馆的民居生活展品进行整合设计，展现清末金州城内古朴雅致、具有浓郁地方特色的民居建筑，通过情与景的交融，强化观众的情感体验。

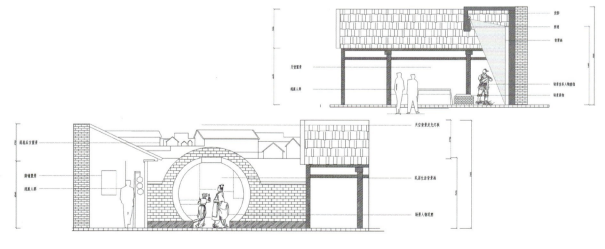

第三单元　古城风华

交互式金州古城沙盘模型是本单元的重点展项，设计围绕这一中心展区将古城建筑、宗教教化、文化教育等五组展陈主题内容统控起来。

（1）金州古城沙盘模型。

运用数字化的古城建筑模型、大型 LED 屏、增强现实技术，将数字化古城模型与古城实景沙盘模型相互融合，观众可通过触控交互平台、触摸屏、LED 屏展播，了解古城不同历史时期的发展演变，也可利用手机或平板电脑等设备扫描相应的二维码观看古城的特色老街、老建筑等的数字化复原模型。

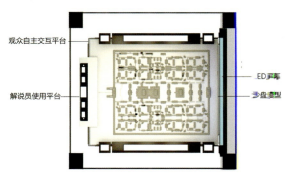

（2）天后宫建筑构件及壁画创作。

金州简史基本陈列展厅

金州简史基本陈列展厅是以大量的历史文物为载体来展现金州悠久而辉煌的历史文明。该展厅依据这一展陈特点，本着"以文物陈列为中心"的设计原则进行展陈设计。金州简史基本陈列展厅位于二、三层，依据展陈大纲提供的各单元重点展项及展陈亮点场景来统控空间布局，设计了文物展品、静态图板、动态视频、立体场景，形成一个个空间开合有致、展陈动静结合的单元展区信息组团。

二层展陈内容较多，需要较大的布展空间，为确保展陈内容的有效展开，故将原官二层办公场地调整至四楼。

第一、二单元　石器时代

由于古金州地区独特的地理环境，使得该地区石器时代的文化没有明显的分界。本单元展出有石器、陶器、牙骨器等馆藏文物。

重点展项：老铁山角。

蓬莱角陆桥示意图为避免传统单一的静态图文展板效果，通过立体化的展墙设计来实现展示的立体化。

场景表现内容及多媒体互动

第三单元 青铜时代
重点展项：庙山聚落址生活场景复原和金州小石棚复原。

组合场景陈列：
庙山聚落址生活场景复原
金州小石棚复原

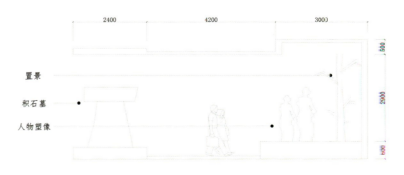

第四单元　秦汉至三国时期
重点展项：花纹砖墓复原。

利用墓砖陈列，恢复花纹砖墓葬局部，包括墓室内器物陈列。

第五、六单元　两晋隋唐至辽金元时期

重点展项：苏州关模型和元代航海线路示意图（自山东半岛至辽东航线）。

第七单元　明清时期
明、清两代，金州逐渐成为辽南地区的政治、军事、经济、文化中心。

重点展项：望海埚战役场景复原、金州城内泥塑民俗生活场景、金州保卫战半景画。

第 6 章　项目设计实例解析　123

金州保卫战半景画

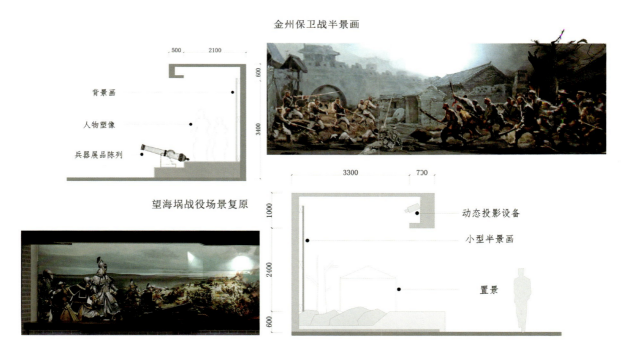

望海埚战役场景复原

第 7 章
实践课题设计解析

实践课题教学是一种将设计理论教学与实际设计项目结合起来的教学形式。将实际设计项目导入课程教学，组织学生参与实际展览项目的实操设计，可以全面提升学生的专业设计综合素养，培养学生驾驭大型展陈策划、解决本专业领域及相关专业领域技术问题的能力，熟练运用相关专业的技能开展项目设计的专业能力。

实践课题的真实性有利于激发学生的创造意识和挑战意识，锻炼学生解决各种实际问题的能力，磨炼学生承受各种压力的意志，培养学生的团队合作精神，使学生毕业后能以专业的设计服务于社会。

实践课题涵盖了博物馆展陈工程项目的方案设计、施工制图、工程预算、施工技术、设计组织等阶段和流程。同时，展陈空间创意设计、展品陈列与展具设计、灯光与照明设计、图文版式设计、多媒体与数字信息技术运用及材料运用与施工工艺等，都是我们在方案设计中需要全面考虑的。在课题设计过程中，众多设计信息的获取、大量设计背景资料的处理、多学科领域知识的运用，以及设计过程中许多事先不可预见的技术难题，为学生创造了一个主动地去吸取、拓展设计专业知识的空间，对学生的设计综合素质是一次全方位的提升。

展开设计之前，指导教师需要获取和收集设计必备的相关技术资料与数据；带领参与项目的学生设计团队，深入研读展陈大纲及布展内容脚本，对展馆现场进行认真的勘察，核对设计图纸与现场的各项数据；对展陈主题做出准确定位，明确展陈功能需求和观展群体的需求；了解陈列展出的实物、图片数量和展陈重点展项设施，并结合文字脚本收集相关技术资料、材料价格、预算资料、有关政策法规、相关的人文和地志资料等。

设计过程中，主创设计师或项目设计指导教师，需就方案的调整和深化，组织相关设计人员进行讨论、交流，寻求更有创意的方案，解决设计中出现的问题，使设计方案更趋合理、完善。

参与项目课题组的学生需具备的专业设计技能

（1）能够熟练运用技术性手段表达设计意图，具备一定的设计表现技法和制图的基本功。
（2）熟练掌握各种计算机辅助设计软件，能够准确、快速、形象地表达设计方案。
（3）具有团队协作意识和良好的沟通能力。

学生可参与的项目课题设计任务

（1）协助收集与整理设计资料和素材。
（2）参与设计方案的创意构思，构想方案草图。
（3）参与设计思路的延展，初始方案的推敲、筛选，以及方案的深化设计。
（4）承担方案平面图、方案分析图、效果图的表现与制作，完成项目课题组分配的辅助设计任务。

教师对项目课题设计的指导

（1）指导学生进行设计前的资料收集、归纳和分析，提取设计语素，展开方案构思。
（2）帮助学生明晰设计构思，完成草图方案的筛选，引导学生进行设计方案的深度思考。
（3）指导学生展开方案的深化设计，解决设计中存在的共性问题。
（4）及时跟踪并掌握学生设计课题的进度。

实践课题设计一：碳纤维企业展馆方案概念方案设计

设计项目概况

碳纤维企业展馆设计布展面积为1500㎡，展览内容分为5个陈列展区。展馆位于建筑一层较开放的空间，展馆空间对布展有一定的制约性，设计中可利用的建筑层高为4.4m，中厅层高可达6.1m。此项目是对原展馆的改造提升设计。

设计组成员

吕耀宗、王文东、王一雄、李智、王曦、贺淑瑶、石逸璇

设计思路

企业展馆是企业展示企业文化、形象的重要载体,也是企业对外宣传的"新名片"。通过对现展馆空间的现场考察和建筑结构的实地勘测,在深入解读企业文化、了解展览主题内容及布展展品的基础上,基于对现展馆存在的问题进行分析,本方案设计对展陈空间布局和展陈形式等方面进行了调整与提升。

对现展馆较分散的空间布局进行整合设计,通过合理的空间分布及艺术化的设计,将展览主题空间与现建筑空间有机结合起来,使之在整体空间序列上开合有致、有张有弛。

展墙、展板的造型设计基于内容展品而产生,通过合理的展示形式和手段,为展品创造一个最适宜的展场空间,并利用高新数字艺术及多媒体的直观演示,多角度诠释企业发展历程及其产业链,为企业科技创新成果搭建展示宣传的平台。

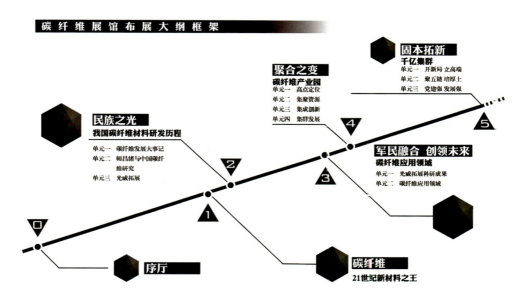

1. 展馆平面布局

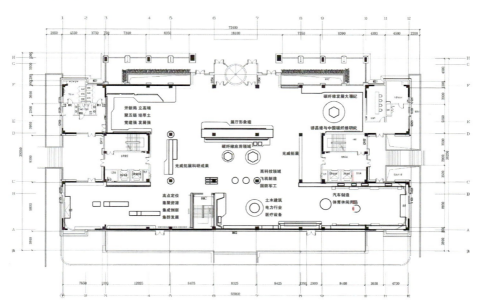

2. 观展流线

基于展览内容的内在关联性，通过合理、顺畅、便捷的观展流线设计来引导观众的观展活动。

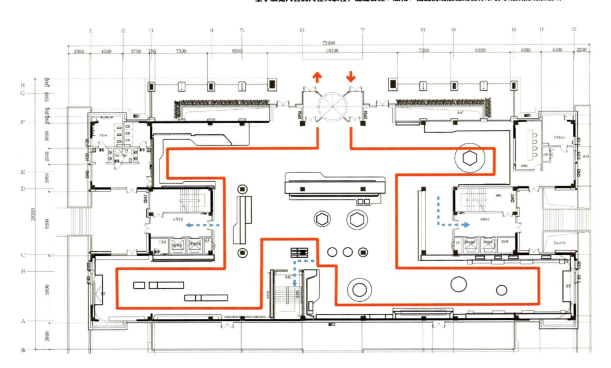

3. 主题展厅空间设计

一展厅　碳纤维——21世纪新材料之王

二展厅　民族之光——我国碳纤维材料研发历程

展陈内容：

单元一　碳纤维发展大事记
单元二　师昌绪与中国碳纤维研究
单元三　光威拓展

三展厅　军民融合，创领未来——碳纤维应用领域

展陈内容：

单元一　光威拓展科研成果

单元二　碳纤维应用领域

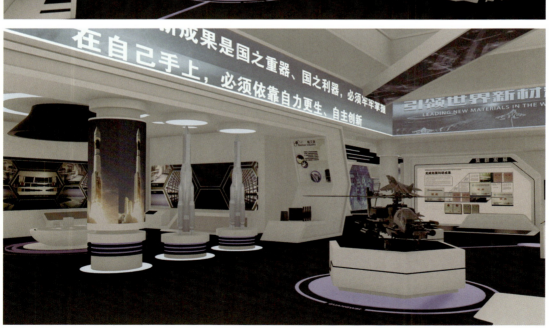

四展厅　聚合之变——碳纤维产业园

展陈内容：

单元一　高点定位

单元二　集聚资源

单元三　集成创新

单元四　集群发展

五展厅　固本拓新——千亿集群

展陈内容：

单元一　开新局　立高端

单元二　聚五链　培厚土

单元三　党建强　发展强

实践课题设计二：地质博物馆方案设计

设计项目概况

地质博物馆展陈面积为 800m²，在展开方案设计之前，我们对展馆建筑及周边环境进行了实地考察，对布展大纲框架、展陈主题进行了深入解读。基于对展陈内容的理解，本次展陈方案设计重点对展馆的内容分布、展陈空间效果、展陈亮点及重点等进行了设计创意。

设计组成员

吕耀宗、耿树林、王曦

展陈定位

（1）向大众传播地质科普、地矿资源、学科专业知识的地质科普展馆。
（2）汇集、珍藏各类生物化石、矿物岩石、珍品赏石的地质殿堂。
（3）见证学院发展、学科专业建设的展示窗口。

设计思路

地质博物馆的陈列布展设计，将本着集科普性、文化性、知识性、趣味性为一体的现代设计理念，采用多种展示手段和展示语言，打造一个具有较强专业性、文化性、现代感的地质博物展馆空间。

博物馆的展陈设计力求实现版面展示立体化、实物场景一体化、景观模型动态化、展示手段科技化。

布展内容框架

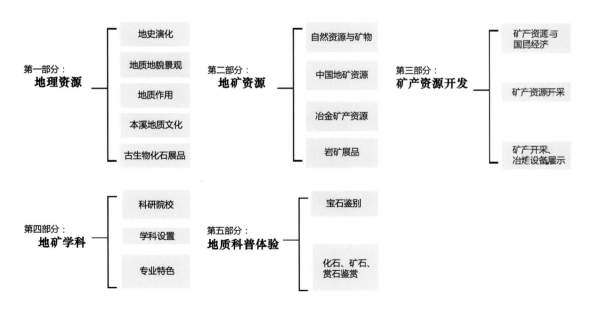

1. 博物馆平面布局

博物馆展陈空间由序厅、地理资源展厅、地矿资源展厅、矿产资源开发展厅、地矿学科展厅、地质科普体验厅组成。

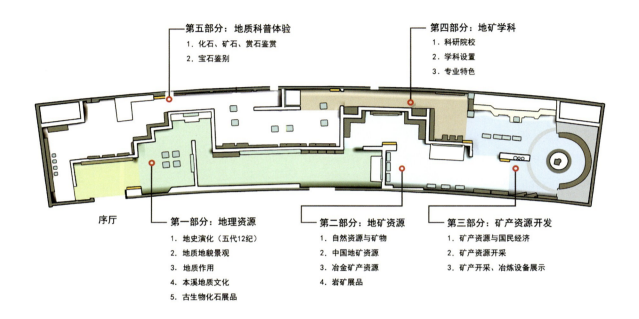

2. 观展流线

观展流线充分考虑到展陈内容的连贯性、序列性，强调观展的引导性。观展流线便捷、顺畅且易于识别，设计主通道宽度为3～4m，通过对序厅、展陈重点和亮点的精心设计，使展陈内容在整体空间序列上形成有张有弛的观展节奏。

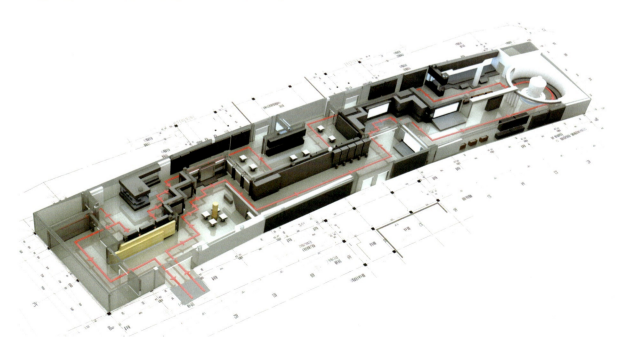

3. 主题展厅空间设计

序厅

序厅通过多层面的地质岩层肌理展墙造型，以及嵌入式的主题浮雕来展现、点明地质博物馆的馆陈属性及特征。

地理资源展厅

（1）地史演化（五代12纪）展区介绍地球的诞生、内部结构及五大层圈。

（2）地质地貌景观展区介绍因外动力地质作用而形成的风雨雷电现象和地质地貌景观。

（3）地质作用展区介绍因内动力地质作用而形成的板块运动、褶皱断裂、火山活动、地震、海啸等地质现象。

地矿资源展厅

由于本展厅陈列的原地质实验室的岩矿标本较多，如何为这些岩矿标本创造一个适宜的展陈空间，并通过重点场景来调动观众的观展节奏，是本展厅设计的一个重点。

展陈亮点：三大岩类成因演示，运用三维演示模型、动态视频等现代科技手段，将抽象、深奥的地学科普知识转化为可观、可感、可操控的直观展示形式。

矿产资源开发展厅

矿产资源开发展厅主要展示古今采矿工艺，演示"采选冶"加工过程，体现辽宁冶铁资源优势；探寻地矿宝藏的地矿勘测，矿产开采、选矿、运输、冶炼等一系列流程。

展陈亮点:现代矿产开采流程展示场景,运用大型场景画、设备模型、动态视频,全面展示矿产资源的探、采、选、冶等生产环节及现代工艺。

地矿学科展厅

地矿学科展厅重点展示地矿科研院校、学科设置、专业特色等内容。

地质科普体验厅

（1）化石、矿石、赏石鉴赏展区以观赏石类型进行空间划分，展示奇石文化的内涵。

（2）宝石鉴别展区展示各类宝石原矿、制成品、工艺品。

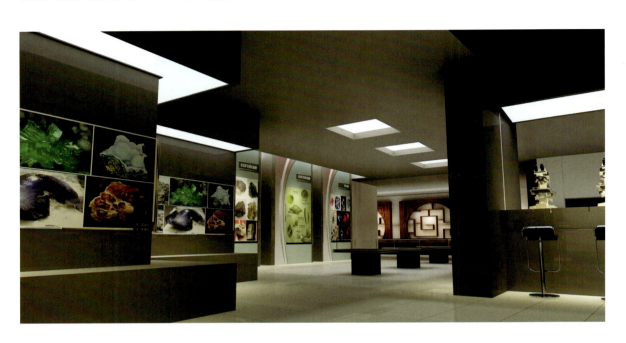

实践课题设计三：新四军第七师纪念馆陈列布展方案设计

项目设计概况

新四军第七师纪念馆的展陈面积为 2800㎡，展馆建筑具有较好的层高和敞亮的柱网空间。在展开方案设计之前，我们对展馆建筑及周边环境进行了实地考察，认真听取了省、市及建设方相关专家对布展大纲框架、展陈主题及重点内容的陈述，并进行了深入的交流。在此基础上，基于对展陈内容的理解和多年从事同类相关纪念馆布展设计的经验和技术积累，本次展馆展陈方案设计重点对展馆的内容分布、展陈空间效果、主要展陈手段及技术应用、展陈亮点及重点等进行了设计创意。

设计组成员

任川、吕耀宗、王曦

设计目标

（1）方案力求体现前瞻性、艺术性、合理性、可行性的有机统一。
（2）遵循纪念馆教育功能及旅游观光为一体的设计理念，将纪念馆打造成为本地区的爱国主义教育基地和红色旅游景点。
（3）力求展现军事纪念馆鲜明的馆陈主题，彰显新四军第七师纪念馆独特的展陈风格。
（4）运用现代多媒体技术与艺术手段相结合的方式强化展陈的艺术效果，实现与观众的互动，打造临场体验感。

1. 纪念馆平面布局

展陈内容分为序厅、日军侵华战争、皖江抗日起怒潮、血泊中诞生的新四军第七师、第七师健儿驰骋皖江、巩固发展皖江敌后抗日根据地、尾厅。

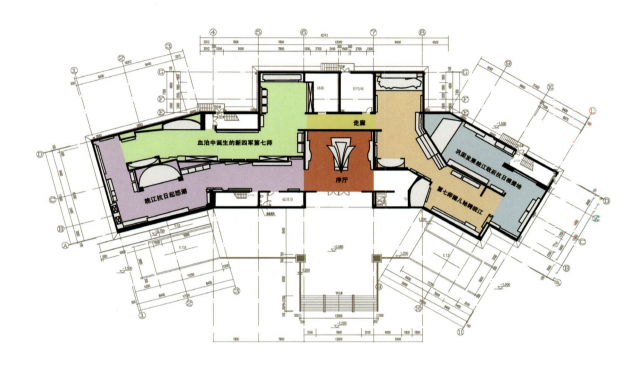

2. 观展流线

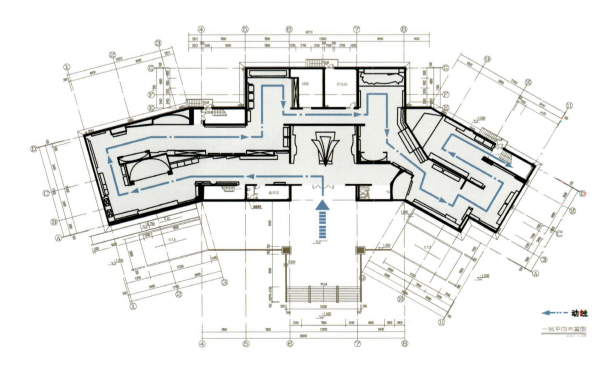

3. 主题展厅空间设计

序厅设计充分利用了纪念馆透光天顶及高耸的建筑层高。序厅两侧设计为两组毛主席题字展墙，背景为展现新四军第七师十年发展、壮大历程为主题的浮雕。序厅中央为一组第七师主要领导雕塑群像。

展陈空间设计以大体量的展陈造型、开合有序的空间层次来强化军事类纪念馆宏大而富有视觉冲击力的独特空间属性。

设计运用多种展陈手段和雕塑、绘画、半景画、复原场景、微缩景箱、幻影成像等艺术展陈手法，着力展现新四军第七师成军、壮大的发展历程，在抗战时期所取得的卓著战绩，以及创建和巩固皖江根据地的历史功绩和作用。

皖江抗日起怒潮

日军皖江暴行

第 7 章 实践课题设计解析

新四军东进第一仗

驰骋皖江

夺取抗日战争的最后胜利

军民大生产运动

巩固发展的皖江敌后抗日根据地

永远的丰碑

实践课题设计四：临港廉政文化建设展馆方案设计

设计项目概况

临港廉政文化建设展馆的设计布展面积为500m²，是展示廉政廉德文化的一个专题展馆。基于这一展陈主题，在有限的展览空间中，本着小而精的设计原则，力求体现中国传统廉德文化的清廉空间意象，使之与展览主题相吻合。

设计组成员

李智、夏侯松灏、李浩永、朱玉婷、李江波、牟容可、纪蓉

1. 展馆平面布局

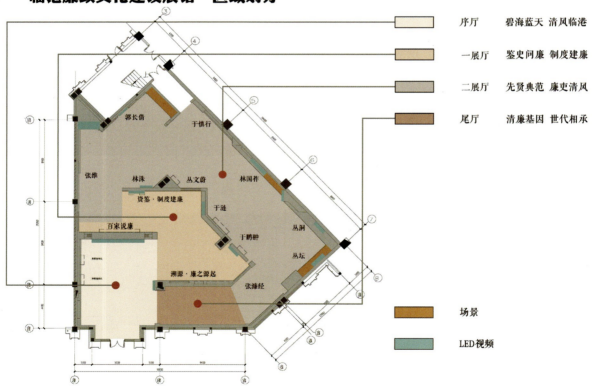

第 7 章 实践课题设计解析

临港廉政文化建设展馆 轴测图

▼ 轴侧图所在的空间角度

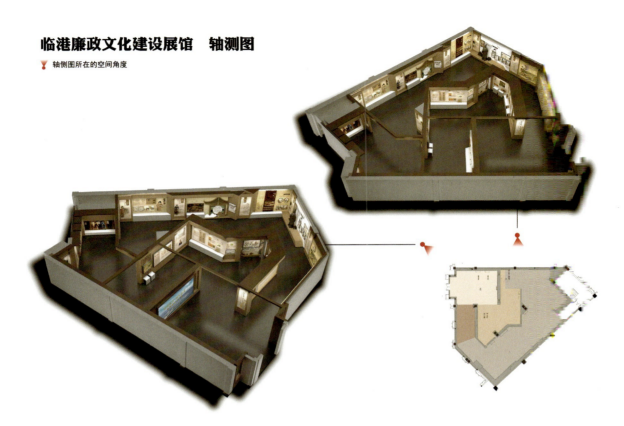

2. 观展流线

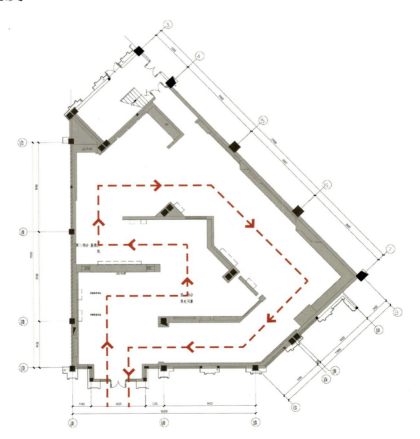

3. 主题展厅空间设计

序厅　碧海蓝天　清风临港

序厅LED高清屏，展播廉德清风和廉政基因等主题内容。"廉"字篆体造型吊顶，凸显展馆清廉文化展陈主题。

一展厅　鉴史问廉　制度建廉

第 7 章 实践课题设计解析

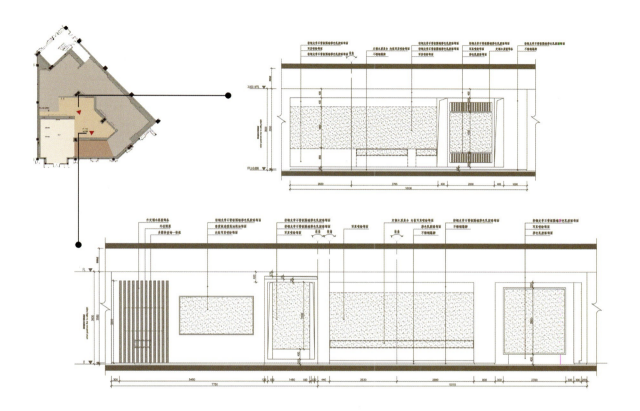

二展厅　先贤典范　廉吏清风

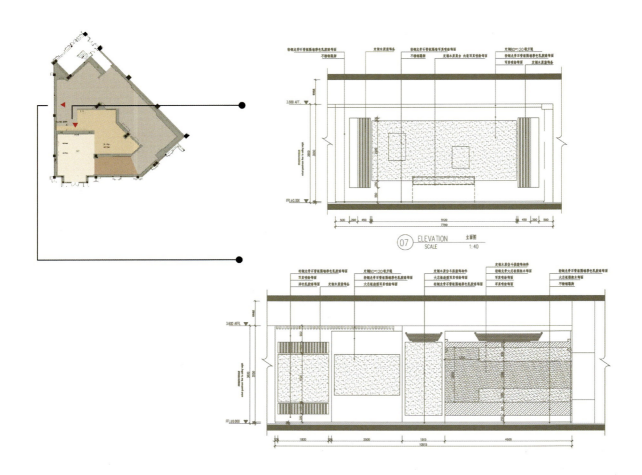

第 7 章 实践课题设计解析 / 147

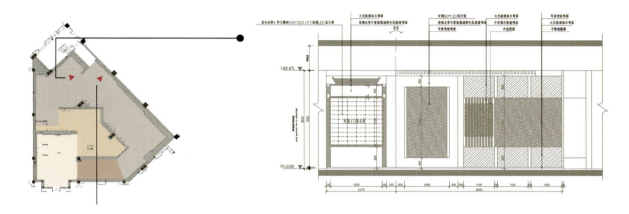

实践课题设计五：青冈博物馆概念方案设计

设计项目概况

当前国内新建的博物馆项目多集中于县级博物馆，相比于省市级博物馆，县级博物馆的场馆布展面积相对较小，具有小而全的特点，是集历史文化、发展建设成就、城乡规划于一体的综合性展馆。本项目是为黑龙江省绥化市青冈县博物馆所做的项目立项概念方案设计。

设计组成员

刘宏宇、孙凌霄、孔旭、金颖、贾冰雪、孙晴

- **展厅总览** Overview of Exhibition
- **序厅** Lobby
- **历史文化厅** History Culture Hall
- **发展成就厅** Development Achievement Hall
- **城市规划厅** Urban Planning Hall

1. 博物馆平面布局

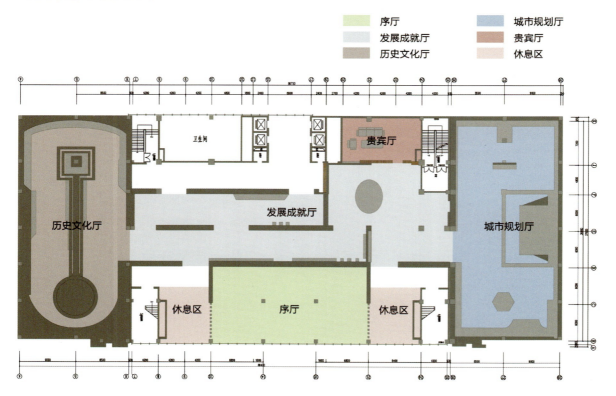

2. 观展流线

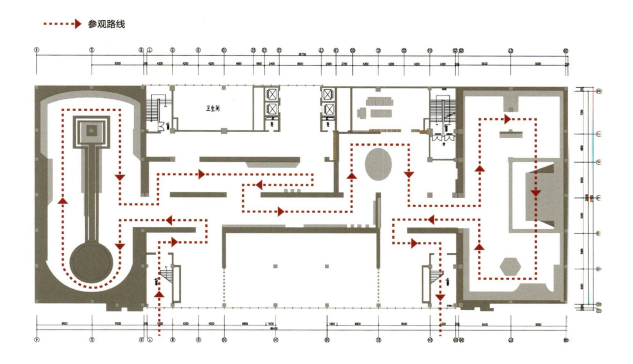

3. 主题展厅设计

历史文化厅

发展成就厅

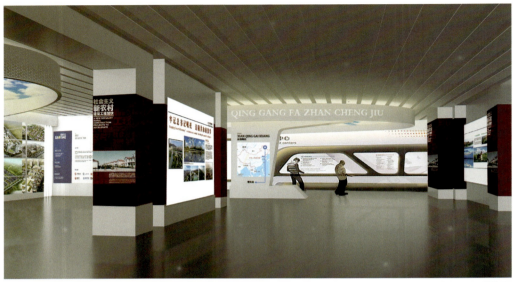

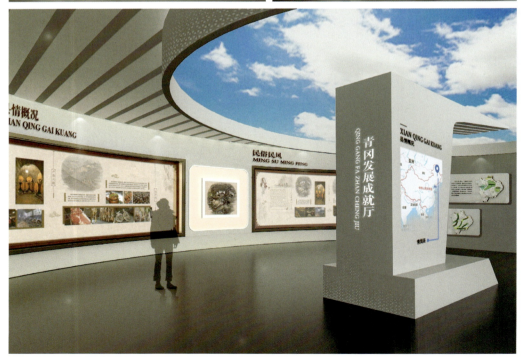

城市规划厅

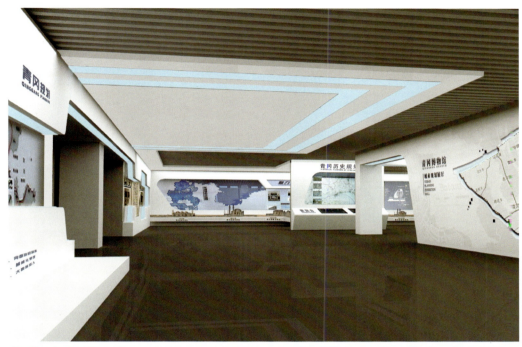

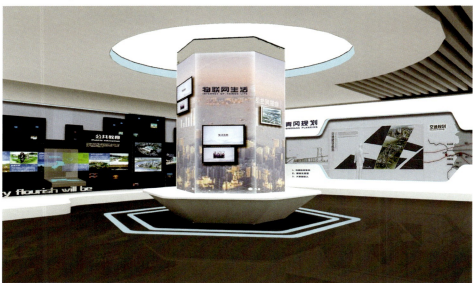

实践课题设计六：苹果产业园体验馆概念方案设计

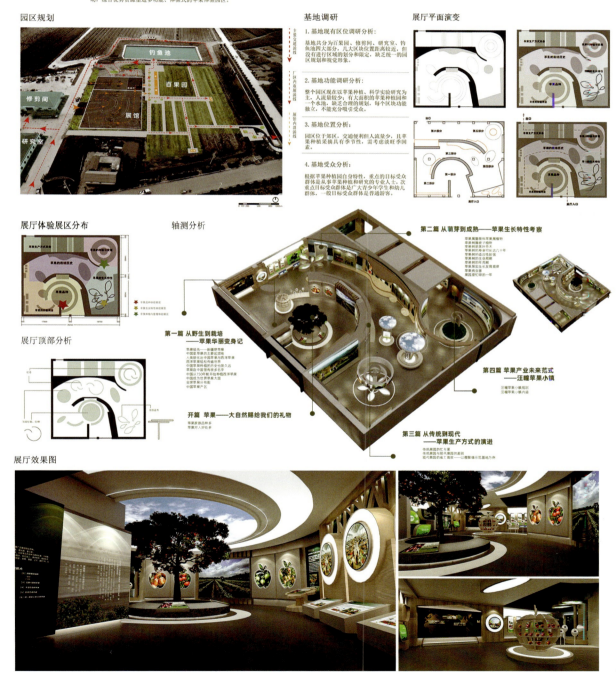

展厅效果图

展厅入口、序厅、一单元立面版式

圆形元素符合苹果展馆的设计理念，入口处背景使用大场景的果园，使空间在视觉上更加开阔，同时前方的苹果树也烘托出苹果展馆的氛围。色彩上以灰色和绿色为主，在融入空间色调的基础上突出展馆自身特色。

二单元立面版式

总体以绿色调为主，版式结合内容，以图文结合的块面方式，分别展示苹果的用途和价值。同时在这一单元也有全息的互动体验装置，展板也可以安排一些实物的互动装置。

第 7 章　实践课题设计解析　　155

展厅效果图

交互展项分析

交互展项形式一：
苹果树上的果实可以与背景大屏幕进行互动，通过观者触摸不同类的苹果就可展现相对应的信息，实现观者与展项的互动。

互动展项形式二：
观者踏入苹果树互动区域，就可触发地投，显示展览信息，实现互动。

交互展项形式三：
体验者可以通过展墙上的转盘装置，通过旋转转盘选取相应的互动项目，例如试吃或试饮等，并到后方苹果展具上参与或体验相对应的内容。

交互展项形式四：通过电子屏幕实现观者与展项的互动。

通过对项目设计阶段的前期考察、方案投标设计、中标方案的深化设计,以及后续的现场施工阶段的全程跟踪,学生不仅能全面了解展陈设计项目的方案创意、施工制图、工程预算、施工技术、设计组织等流程,而且能接触到实际项目设计中更多的实质性问题。设计项目的真实性锻炼了学生解决各种实际问题的能力,磨炼了学生承受各种压力的意志,也培养了学生的团队合作精神。在方案的设计过程中,学生的设计能力和专业素养将得以快速提升。

针对课题设计过程中学生普遍存在的一些需要解决的问题和疑惑,希望学生能将其作为课题设计教学指导的延续,在今后的学习和设计实践中逐步地予以解决、改进和完善。同时,学习是一个循序渐进的过程,从一名学生成长为一名优秀设计师需要倾尽一生的努力和学习。在博物馆展陈设计中涉及的相关学科知识及需具备的专业设计综合素质,需要学生在今后的设计实践中进一步完善。

后 记

本书是作者多年从事博物馆展陈设计教学与项目设计实践的成果总结，结合大量的博物馆展陈设计案例及项目设计图片，着重对博物馆展陈工程的方案设计、项目的实施步骤及其工程施工等内容进行表述和呈现，以体现实践课程教学的实用性。

书中选用的项目设计实例多为作者近年来主持并指导学生参与的实践课题设计项目，部分设计实例或许存在一定的局限性，敬请相关专家指正。理论章节中的部分图例为平日教学中所收集的资料，没能及时找到相关信息，在此向所有图例的作者表示真诚的谢意！